英语翻译教学与创新方法研究

陈 敏◎著

吉林出版集团股份有限公司
全国百佳图书出版单位

图书在版编目（CIP）数据

英语翻译教学与创新方法研究 / 陈敏著. -- 长春：吉林出版集团股份有限公司, 2023.3
ISBN 978-7-5731-3118-8

Ⅰ.①英… Ⅱ.①陈… Ⅲ.①英语—翻译—教学研究 Ⅳ.① H315.9

中国国家版本馆 CIP 数据核字 (2023) 第 051170 号

英语翻译教学与创新方法研究
YINGYU FANYI JIAOXUE YU CHUANGXIN FANGFA YANJIU

著　　者	陈　敏
责任编辑	沈　航
封面设计	李　伟
开　　本	710mm×1000mm　　1/16
字　　数	190 千
印　　张	12
版　　次	2023 年 5 月第 1 版
印　　次	2023 年 5 月第 1 次印刷
印　　刷	天津和萱印刷有限公司

出　　版	吉林出版集团股份有限公司
发　　行	吉林出版集团股份有限公司
地　　址	吉林省长春市福祉大路 5788 号
邮　　编	130000
电　　话	0431-81629968
邮　　箱	11915286@qq.com
书　　号	ISBN 978-7-5731-3118-8
定　　价	72.00 元

版权所有　翻印必究

前　言

随着对外开放高水平的发展，我国同世界各国之间的联系越来越多，我国市场对于复合型翻译人才的需求量大大增加，对于实用型翻译人员，特别是合格的科技翻译人才需求量很大。因此，大学英语翻译教学在教学中的必要性及重要性也逐步显现，随之而来的大学英语教学改革也对翻译教学提出了全新的要求。翻译能力反映了学生外语语言、知识等各个方面的能力，同时也反映了学生的双语交际能力，对翻译能力的培养与提高也是大学英语教学所要达到的一个主要目标。作为一种重要的交流手段，翻译在国际间的信息传播中具有不可或缺的作用。国内各大院校每年都要进行大规模英语四、六级考试以及研究生入学英语考试，这也充分反映出市场对于大学生翻译能力方面的需求之旺盛。所以，当务之急是要增加大学英语翻译教学的内容，以便为社会培养出更多的科技翻译人才。当前，在我国各大高等院校中，尽管英语是必修课程，英语教学也越来越受到关注，但对于翻译能力的重视程度远远比不上英语学习中的另外四种能力——听、说、读、写，其实翻译从来都是被当作英语教学手段而非单独的一门课。因此，加强对大学英语专业翻译教学的探索就显得尤为必要和迫切。与外语教学相比，我国大学英语翻译教学还未得到应有的重视，理解研究还不够深入。尽管近些年来我国外语教学发展非常迅速，大学英语教学改革已取得较大成就，但是大学英语翻译教学始终未得到相应的重视，大学英语翻译教学研究不够系统和全面，大学英语翻译教学研究阶段也始终处于一般经验总结阶段。

本书共分五章，第一章为英语翻译概述，主要从翻译相关论述、英语翻译的理论依据、英语翻译的技巧与策略、英语翻译常见问题四个方面的内容展开论述。第二章为英语翻译教学概述，主要讲述了英汉语言对比分析与翻译、英语翻译教学的影响因素、翻译在英语教学中的作用以及英语翻译教学法中的关系处理内容。第三章为英语翻译教学实践，主要讲述了英语词汇翻译教学、英语语法翻译教学和英语语篇翻译教学三个方面的内容。第四章为英语翻译教学的创新发展，从英语翻译教学现状分析、英语翻译教学内容的创新、英语翻译教学方法的创新以及英语翻译教学模式的创新四个方面展开论述。第五章是英语翻译教师的发展与学生翻译能力的培养，主要阐述了英语翻译教学中教师的发展、英语翻译教学中学生翻译能力的培养两个方面的内容。

在撰写本书的过程中，作者得到了许多专家学者的帮助和指导，参考了大量的学术文献，在此表示真诚的感谢！本书内容系统全面，论述条理清晰、深入浅出。

限于作者水平有限，加之时间仓促，本书难免存在一些疏漏，在此，恳请同行专家和读者朋友批评指正！

陈敏

2022年5月

目录

第一章 英语翻译概述 ... 1
第一节 翻译相关论述 ... 1
第二节 英语翻译的理论依据 ... 13
第三节 英语翻译的技巧与策略 ... 26
第四节 英语翻译常见问题 ... 39

第二章 英语翻译教学概述 ... 45
第一节 英汉语言对比分析与翻译 ... 45
第二节 英语翻译教学的影响因素 ... 52
第三节 翻译在英语教学中的作用 ... 61
第四节 英语翻译教学法中的关系处理 ... 66

第三章 英语翻译教学实践 ... 77
第一节 英语词汇翻译教学 ... 77
第二节 英语语法翻译教学 ... 84
第三节 英语语篇翻译教学 ... 89

第四章 英语翻译教学的创新发展 ... 99
第一节 英语翻译教学现状分析 ... 99
第二节 英语翻译教学内容的创新 ... 119
第三节 英语翻译教学方法的创新 ... 125
第四节 英语翻译教学模式的创新 ... 145

第五章　英语翻译教师的发展与学生翻译能力的培养···································157
　　第一节　英语翻译教学中教师的发展···157
　　第二节　英语翻译教学中学生翻译能力的培养····································165

参考文献···181

第一章 英语翻译概述

本章对英语翻译中的一些基础概念进行阐述,主要从翻译相关论述、英语翻译的理论依据、英语翻译的技巧与策略、英语翻译常见问题四个方面展开,对英语翻译的相关内容进行详细的介绍。

第一节 翻译相关论述

一、翻译概述

(一)翻译的界定

从翻译活动诞生之日起,国内外诸多专家学者就试图为翻译下一个较为完整、准确的定义。一直以来,人们对于翻译的定义都有着不同的观点,各个翻译研究流派分别从不同角度、不同层面提出了自己的见解。下面就来介绍中西方及重要文献对翻译的解释。

东汉时期著名经学家、文字学家许慎在《说文解字》中对"翻"和"译"两个字的解释如下:

翻:飞也。从羽,番声。或从飞。

译:传译四夷之言者。从言,睪声。

现代汉语的解释大致为"'翻'意为飞,形声字,羽为形符,番为声符;'译'指翻译,即将一种语言文字翻译成另一种语言文字的人。形声字,言为形符,睪为声符。"

现代汉语对这句话的解释为：翻译是将一种语言文字转换成另一种语言文字，但并不改变其所蕴含的意义。①

现代著名作家茅盾认为，文学翻译就是用一种语言将原作的艺术意境准确地传达出来，使读者在阅读译文时跟本族语者阅读本族文化一样，能得到很大的启发，并会受到同样的感动与美的享受。②

翻译家张培基先生指出，翻译即用一种语言把另一种语言所表达的思维内容，准确且完整地重新复述出来的活动。③

我国有学者认为，翻译是两个语言社会（language community）之间的交际过程和交际工具，其目的是促进本语言社会的政治、经济和文化进步，它的任务是要把原作中包含的现实世界的逻辑映像或艺术映像，完好无损地从一种语言移注到另一种语言中去。简单地说，翻译是一种跨语言、跨社会的特殊文化活动。④

英国著名语言学家和翻译理论家卡特福德（J. C. Catford, 1965）认为，翻译即用一种等值的语言的文本材料替换另外一种语言的文本材料。他还提出，翻译有两种存在的状态，一种是源语，即译出语；另一种是目标语，即译入语。⑤

美国翻译理论家劳伦斯·韦努提（Lawrence Venuti, 1982）指出，翻译是译者依靠解释所提供的目标语中的能指链替代构成源语文本的能指链的过程。韦努提一反传统的"对等"角度的定义，否定了结构主义所信奉的能指与所指或所荐的对应关系，认为能指和所指是可以分裂的，符号与意义之间是不一致的，所以文本意义存在不确定性。在韦努提看来，翻译只是用一种表层结构代替另一种表层结构。⑥

翻译学界语言学派的代表人物费道罗夫（Fedorov）指出，翻译即用一种语言将另一种语言在内容与形式不可分割的统一中所业已表达出来的东西准确且完整

---

① 贾公彦. 周礼疏 [M]. 杭州：浙江人民出版社，2016.
② 沈澜菊. 茅盾先生《译文学书方法的讨论》翻译理论在翻译批评中的应用 [J]. 风景名胜，2018 (10)：141-142.
③ 张培基. 英汉翻译教程 [M]. 上海：上海外语教育出版社，1997.
④ 张今. 文学翻译原理 [M]. 北京：清华大学出版社，2005.
⑤ J.C. 卡特福德. 翻译的语言学理论 [M]. 北京：旅游教育出版社，1991.
⑥ 劳伦斯·韦努提. 译者的隐身 [M]. 上海：上海外语教育出版社，2004.

地再现出来。①

巴尔胡达罗夫（C. Barkhudarov）认为，翻译是将一种语言的言语产物，在保证意义不变的情况下，改变为另一种语言产物的过程。②

综上所述可知，翻译就是译者想方设法地将第一种语言所传递的信息用第二种语言表达出来的跨文化交际行为。简而言之，翻译是以源语为出发点，在译语中的再创造。由此可见，翻译既是一门科学，又是一门艺术。翻译的科学性体现在它有着自己的理论体系和规律，符合一定的标准。同时，翻译也是一门艺术，虽然翻译的过程会受各种因素的影响，但翻译的创造性并不会受到影响。另外还应注意的是，翻译学科是一门跨学科的综合性学科，与语言学、社会语言学、语义学、语用学、文体学、跨文化交际、心理学等有着不可分割的关系，并将在未来的发展过程中更加趋于具体化、全面化。

（二）翻译的分类与要求

依据不同的标准，翻译可以分为不同的种类。以下就从不同的标准出发，来分析翻译的具体类型：

1. 按照翻译原作种类划分

根据翻译原作种类，可以将翻译划分为以下三种：

（1）一般语言材料翻译

一般语言材料翻译即日常使用的语言，其包含一般报刊翻译与各类应用文翻译。这类翻译往往包含四个特点。

其一，杂，即内容上包罗万象，不仅有趣味性新闻，还有科普类文章，更有生活常识类文章等。

其二，浅，即语言上比较容易理解，不像文学作品那么深奥，也不像专业翻译那么专业化。

其三，活，即与一般科技类文章相比，行文比较活泼。

其四，新，即语言上比较现代化，添加了很多新词、新语。

因此，在翻译此类文本时，译者需要对"忠顺"的矛盾加以灵活处理，采用

---

① 费道罗夫. 翻译理论概要［M］. 北京：中华书局出版社，1955.
② 巴尔胡达罗夫. 语言与翻译［M］. 北京：中国对外翻译出版社，1985.

一切方法对译文进行加工与修饰，追求行文的传神与活泼。

（2）文学翻译

文学翻译要比一般语言材料的翻译更为困难，这是因为这类翻译具有以下几个特点：

其一，长，即跨度时间都比较长，因此要求译者具备扎实的基本功。

其二，突，即翻译时要凸显"忠顺"。

其三，高，即要求译者具有较高的译语基本功，尤其是对世界名著展开翻译时，要求的译语基本功更高。

其四，雅，即要求翻译时要雅，具有文学风格并符合原作品气质。

其五，创，即要求翻译时译者要发挥自身的创造性，这一点要比其他两种翻译要求更多，因为文学翻译对传神达意的要求更高。

因此，在进行文学翻译时，译者需要对"忠顺"的矛盾进行灵活把握，在解决二者的矛盾时需要考虑原作的特色、译作的目的以及译作的环境。

（3）专业翻译

专业翻译包含科技资料、商务信函、军事著作等在内的各种文本的翻译，这里仅就科技翻译来说明其特点。

其一，专业，即涉及大量的专业词汇与表达。

其二，重大，即具有重大的责任，因为如果其误译的话，可能会造成严重的后果。

其三，枯燥，这是其特殊性，因为其涉及的词汇、表达等有时非常的枯燥无味、晦涩难懂。

2. 按照译文种类划分

根据译文的种类，翻译可以划分为五大类。

（1）全译

全译即逐词逐句地对原作进行翻译，是最常见的翻译种类。

（2）摘译

摘译即从出版部分、编辑人员、读者的要求出发，对原作的一部分进行翻译，其往往在一些报纸杂志中比较适用。

（3）编译

编译即对一篇原文或者几篇原文的内容进行串联的翻译，是一种特殊的翻译形式，其可以将原作松散的内容进行整合，还可以将多篇原作内容进行串联，对译文进行丰富。

（4）参译

参译即参考翻译，是一种自由的、特殊的翻译品种，可以对作品进行全译、摘译或者编译。

（5）写译

写译即译者将翻译作为主体的写作，是比编译更为宽松、自由的翻译形式。

3. 按照翻译工作主体划分

根据翻译工作的主体，可以将翻译划分为以下两类：

（1）人工翻译

人工翻译即传统的以译者作为主体的翻译形式，往往从多人到一人。

（2）机器翻译

机器翻译即20世纪70年代后出现的将翻译机器作为主体的翻译形式，往往从简单到智能型。

需要指出的是，机器翻译比较快，不怕重复，也不需要休息，但是它也存在着不足之处，即离不开人，还需要译者进行核对、润色与定稿。因此，要想翻译准确，机器翻译需要与人工翻译进行配合。

翻译不仅是把来源语转换为目的语的过程，还是两种不同文化的相互沟通和转渡以及文化因子议和的过程，其本身就是一种文化传播和交流的媒介，是一种跨文化行为。一个国家科技文化的进步发展与外来事物的引进联系紧密，翻译则为其中的媒介，与文化发展存在着互动关系。翻译能够促进和丰富文化的发展，多元文化也能促进翻译的发展。我国社会主义的成功与马克思主义《共产党宣言》20世纪初的译介不无关系。译介是社会变革的晴雨表。任何一场革命或变革在开始之前，总会出现译介活动的活跃期，为变革做好思想准备。翻译不可能与进步的理念无关，有些人甚至认为社会是由它所接受的翻译量来衡量的。

翻译的准确与通顺是衡量翻译质量高低的两条重要准则，而对原文的正确理解则是准确翻译之根本。翻译从理解开始，同时又要高于理解，最后又归结为表达，也就是说译者只有对原文传递的信息有了正确的认识，才有可能运用恰当的目的语来表达原文的含义，传递给目的语的读者。译者对其的理解既关系到原文写作目的、位置、篇章结构、语境、修辞手法和写作风格等问题，也关系到两种语言之间的区别以及社会、历史和文化等多种因素。同时，由于英语与汉语各属于不同的语系，中西方在思维方式、语言结构与表达以及文化背景上存在着较大差异，这对翻译结构来说也是一种挑战。翻译家许渊冲教授曾经指出："汉英间翻译是当今世界最后一种杂乱无章的翻译实践。"因此，要想提高译文的准确性，必须从多方面考虑问题。例如，我国西北风味小吃"肉夹馍"，从英语文化上得到新意，翻译过来就是"Chinese hamburger"（中式汉堡）。

语言与人的形成过程同步进行，并伴随着人类社会的进步而进步。语言是人类区别于其他动物的首要条件；社会越是进步，语言就越是丰富。语言与社会有着密不可分的关系，同时又对文化产生影响。不同民族、国家、地区由于其历史传统、地理环境等方面存在着差异，因此，各民族所使用的语言文字也不尽相同。语言既是人类文明的载体，也是人们交流感情的工具。作为文化现象的语言传承，是语言在人类文化中的镜像折射。文化是由语言、词汇和句子组成的整体，而语篇又是由词汇、句子和篇章构成的，因此，不同民族的语言都有着自己独特的文化传统和民族风情，这些文化信息在一定程度上反映着整个人类社会的文化生活。翻译活动作为一种跨文化交流活动，必然要涉及不同国家、民族或群体之间的文化差异以及由此引起的思维方式和表达方式上的差异。这无疑会影响译文读者对原语文本的理解与接受。诚如学者刘宓庆先生所言："所谓的'文化符号'在语言里几乎到处都存在，留作译者的'解码'（decoding）。"

在汉英翻译中，译者首先要对汉语原文中的文化符号进行解码，或叫作语内翻译，以析出其符号表层下面的真实信息。这些文化符号源于每个人自身所处的社会环境，只有悉心分析、敏锐观察，方能理出信息的真谛。在社会主义体制下，人的政治素养的要求总是高于专业技能，所以就以此出现了一系列的词语。如"政治上过硬，业务上精湛"，英译为"be a ideological-qualified expert"，"有社会主义觉悟的、有文化的劳动者"英译为"socialist-moral educated citizens"。"文化"

英汉不完全对应；英语强调有思想和见识，而汉语意指具有读写能力。"劳动者"对应 citizens，体现劳动者的现代公民形象。可见，词语的选择体现了译者对文字背后的文化意蕴进行的深度掂量和思考。要想把翻译工作真正做好，对两种文化的把握甚至比对两种语言的把握更重要，这是因为词只有应用于某一文化中才能有其含义。因此，在翻译过程中必须充分理解原文作者所表达的含义，并将其准确地传递给译文读者。翻译工作者应具备良好的跨文化交际能力才能完成这一任务。翻译绝对不能进行传统意义上的简单语言转换，而是要最大限度地传递原文所蕴含的全部文化色彩，否则就可能使译文读者对原文化产生误解。翻译必须准确地传递、译出原作品的文化信息，以此来促进全球文化多样性，所以，翻译是实现世界文化战略的重要途径，没有翻译从中穿针引线，文化全球化就无法实现。

（三）翻译的标准

翻译的标准是用来约束翻译者活动的准绳和评定翻译作品质量的尺度，具有极其重要的意义。自从有了翻译活动，人们对于翻译标准的讨论就开始了。至今，它仍然是众多译者、翻译研究者和翻译爱好者津津乐道的话题，也正是在这些热烈的讨论中，翻译学科在不断地向前发展。

由于翻译的多功能性、翻译作品的多样性、翻译手法与风格的多样性以及作品受众的多层次性，翻译的标准也具有多元性，很难找到一个绝对标准。在具体的翻译工作中还是可以找到一些可操作的标准来对译著进行衡量。在我国最有影响力的翻译标准至今仍是清代著名思想家、翻译家、教育家严复所提出的"信、达、雅"。所谓"信"即指忠实，译文要准确地传达原著的思想内容；所谓"达"即指译文要明白通达，通顺流畅，符合译入语习惯；"雅"则"求其古雅"，应将文章尽量译得富丽典雅，符合我国古文遣词造句的要求，这显然是有其局限性的。书面语言的翻译固然要正规一点儿，或者说"雅"一点儿，但是由于作品的风格不同且题材多样，有"雅"的也有不"雅"的，所以把"雅"字定为标准是偏颇的。就整体而论，"信、达、雅"不失为一个好标准，所以仍然为许多翻译工作者所沿用。其原因在于这个标准简单明了，而且层次鲜明，主次清晰，即先求信，要忠实；再求达，要通顺；信达至上，而后求雅，提升译文水平层次。[①]

近代各翻译大家也各自提出了观点。如我国现代作家钱锺书的"化境论"、我国现当代文学家梁实秋的"神似说"、我国文学家鲁迅的"信与顺说"等。从国际翻译研究来看也是争论激烈，观点层出不穷。

综合上述各种观点，翻译的标准就是要"忠实准确，流畅切合"。这个标准概括了翻译定义中的两个方面，对于初步掌握了英、汉两种语言的学习者来说，这是一个较为合理适用的标准。

所谓忠实准确，一方面是指译文内容要忠实于原文，译文要把原作的语义内容在转述过程中翔实而准确地表达出来，这包括文章中反映出来的思想、立场、观点、态度、感情、环境、背景等；另一方面还指要对原作的特色，包括作品的民族特色、时代特色、地域语体特色、语言特色等进行忠实而准确的反映。另外，根据翻译的定义，译文还要忠实于原著所起到的语境功能和社会功能，既不能夸大也不应缩小，要尽量准确地反映原著在原语境中的各种功能。

流畅切合则是强调译文的语言应符合规范，通俗流畅，规范易懂，并且译文风格要与原著相切合。为求通俗易懂，而将孤傲高雅的文章译得淡如白水；为求规范，而将诙谐幽默的文章译得呆滞死板；为求可接受性强，而将内涵丰富引人联想的文章译得居于一隅，这些都是不合理的，这也是为什么要在通顺或流畅后加上切合。总之，这一标准就是要求译者在尽量符合原著规范的情况下追求与原著切近的风格。

必须强调的是，"忠实准确"与"流畅切合"是辩证统一的，两者相辅相成，既相互对立又相互促进。处于首位的是内容忠实准确，而风格的流畅切合处于从属地位、次要地位，但次要并不意味着不重要。忠实而不流畅，读者不愿接受，也达不到忠实的目标；流畅而不准确，脱离了原著的内容与风格，就谈不到切合，也失去了流畅的意义。忠实而准确的译文往往是流畅而切合原著风貌的，而流畅、切合原著风貌的译文才会是准确而忠实的。将英语译为汉语时，往往不容易达到这两个标准，或是顾及了忠实准确而不够流畅切合，或是顾及了流畅切合而不够忠实和准确。这有可能是因为原著比较复杂深奥，做之难做，不好表达，或是译

[①] 沈苏儒.论信达雅［M］.北京：商务印书馆，1998.

者水平不高，不能表达。

另外，根据原著类型的不同，对标准的侧重也不太一样。政论性、批评性作品要求更注重忠实准确，以保证其科学精确性和政治严肃性；文学性、艺术性作品强调风格流畅切合，以充分展现原著与原作者风格，起到推广丰富文学文化的作用。

二、中西翻译简史

翻译具有和语言同样久远的历史，是人类社会中不同民族间最为重要的交际活动和人类社会中最为久远的事业。翻译横跨中西方，沟通古今，跨越时空，是联系各国、各民族、各文化之间的主要桥梁。它以其特有的功能在跨文化交流中发挥着不可替代的作用。从某种程度上讲，翻译是一个复杂的系统工程，涉及语言学、翻译学等众多学科。作为一种特殊的言语行为，翻译在丰富各民族语言、推动各民族文学发生和发展、传播先进科学文化知识的同时，也在促进人类社会进步，为人类精神文明建设与发展作出了重大贡献。

（一）中国翻译简史

1. 东汉至唐宋的翻译时期

佛经翻译是我国历史上产生最早的一种文字翻译活动，同时也是一项规模较大的活动。自东汉至唐宋，佛经翻译经历了发生阶段到发展阶段再到鼎盛阶段，长达千余年之久。

6世纪末，隋初佛学大师彦琮通晓梵文，是我国佛教史上为数不多的佛经翻译家、佛教著作家之一。彦琮生平译经22种，约计1万卷。他在印度学习了17年，成了当地最负盛名的外籍高僧之一。后来他回到长安，带回来梵文经典650余部，遂于大慈恩寺带领数千弟子进行佛经翻译工作，20年间主持翻译经文75部、1335册。继唐代高僧玄奘之后，译经僧人义净曾去印度取经求法，归国后受到武则天的重视。义净毕生从事佛事活动，特别在译经和著述方面花费了大量心血。义净在翻译过程中兢兢业业，他坚持直译的特点，在原文下加注说明，订正译音、译义，介绍产物制度，在语译方面，区分俗语雅语，又常在意译汉字下标出四声和反切，以求得准确的发音，因此在总体上，他继承了玄奘的翻译特点，同时也有自己的独创之处，这使义净的译作达到了很高的水平，他也被称为我国佛教四大译经家之一。

到了北宋时期，僧人、佛教史学家赞宁总结了前人的经验，提出翻译佛经的"六例"，详细探讨了翻译中六个方面的问题。

2. 明清翻译时期

西方科学技术在 17 世纪得到了长足发展，所以自明末清初开始，我国翻译事业由佛教翻译向西方科技译介过渡。明朝万历二十九年（1601 年），意大利耶稣会教士利玛窦到北京创建教堂。从那时起到清朝雍正年间，已有几十位西方传教士活跃于我国。清光绪年间，我国文学家林纾着手译介小说，并和通晓法文的翻译家王寿昌一起译介了法国文学作家小仲马的《巴黎茶花女遗事》。他在中国最早引进西洋小说，国人所未见，这些小说一时风靡全国，故林纾被誉为文学翻译鼻祖。后他又应商务印书馆之邀专门翻译欧美小说，共出版译著 180 多种。

严复是清末又一极具影响力的翻译家，同时也是一位学贯中西的划时代翻译家，在我国近代翻译史上开风气之先，开创了我国完整翻译标准之先河，是我国思想史上最早系统地引进西方学术并主张以资产阶级思想和文化拯救我国的资产阶级启蒙思想家之一，因而又被誉为我国近代史上在西方国家探求真理的"先进中国人"。1854 年 1 月 8 日，严复出生于今福建省侯官县一中医世家，早年就读于福州船政学堂。严复 23 岁赴英国求学，热衷于西方资产阶级文物制度研究，读达尔文、赫胥黎和英法资产阶级思想家著作。归国后，他曾跟随时任桐城派宗师的吴汝纶学习古文，成就很高。此后，严复潜心译介，译著多为西方政治经济学说。

3. 五四运动后翻译时期

五四运动在我国近代史上具有分水岭意义，并在我国近代翻译史上开风气之先。作为当时先进知识分子的重要活动之一，翻译文学在这一时期取得了巨大发展，并成为推动社会进步和文化繁荣的一支不可忽视的力量。五四运动之后，我国翻译事业重心转移到引进马列主义经典著作及无产阶级文学作品上来。五四时期，翻译文学价值认知转型为全面认知，既视其为张望异域世界之窗，亦视其为思想启蒙之载体、精神沟通之桥梁、治疗传统文学观念弊端之良方、新文学建设之范型及潇洒之审美对象;"翻译文学"之选择不仅契合新文化运动之时代诉求,亦为新文学之增益。"翻译文学"所带来的正面思想启蒙效应大大扩展了我国文学的表现空间及艺术天地;"文学翻译"则从多个维度介入我国现代文学之历史进程,给我国现代文学之发展带来积极影响。

4.1949年后翻译时期

1949年以后,我国翻译活动步入一个全新时期。特别是在党的十一届三中全会后,伴随着我国对外政治与经济政策的改善,文化和科技与国际上的交流更加活跃,翻译事业迈进了异常繁荣昌盛的时期,出现了第四次翻译热潮。与前三个翻译热潮相比,此次热潮信息量大、涵盖面广、题材体裁丰富多彩、操作方式灵活方便、技术装备先进、从业人员众多、理论研究活跃、人才培训规模巨大。在整个翻译历史中,这一次高潮以改革开放为契机,出现了许多新鲜事物,向国际社会介绍中国,让外国友人了解中国,因此对优秀翻译的需求量增大。所有这一切大大促进了我国翻译事业及翻译理论研究向更高、更广的层次发展,也使得我国在国际上的地位连年上升。

(二)西方翻译简史

1.古希腊、古罗马文化翻译时期

公元4世纪,盛极一时的希腊奴隶社会开始衰落,罗马逐渐强大。但是,当时的希腊文化仍领先于罗马文化。翻译介绍古希腊古典作品的活动可能始于这一时期或始于更早的时期。这一时期也是古代翻译活动活跃、繁荣的一个时期。在公元前3世纪中叶,有文字记录的翻译就已问世。普劳图斯、泰伦斯等大文学家都用拉丁语翻译或改编古希腊诗人荷马的史诗和埃斯库洛斯、索福克罗斯、欧里庇德斯、米南德等人的希腊戏剧作品。若干世纪之后,又曾两次掀起了翻译古希腊经典著作的热潮。另外,这些译者一般同时又是著名的文学家,这一点与我国古代早期的翻译有所不同,这与语系间与语系内的翻译难度不同有一定的关系。这次翻译活动的历史功绩在于:它开创了翻译的新局面,把古希腊文学作品,特别是戏剧介绍到了古罗马,促进了古罗马文学的诞生和发展,对古罗马以及日后西方继承古希腊文学起到了重要的桥梁作用。

2.《圣经》翻译时期

《圣经》的翻译高潮出现在古罗马帝国晚期到中世纪早期，具有宗教性质。西方宗教势力一直十分强盛，基督教教会对世俗文学也一直怀有敌意，大力开发有利于自己的宗教文化。作为基督教的思想来源与精神武器，《圣经》理所当然地成为宗教界的信仰经典。

3—4世纪，希腊文《圣经》转译为拉丁文，使《圣经》的翻译活动达到顶峰。在众多的译本当中，杰罗姆（St. Jerome）翻译的作品最为突出。382—405年，杰罗姆（St. Jerome）等众多人奉罗马教皇达马苏斯之命，以《新约》通篇为底本翻译拉丁文《通用本圣经》，翻译出来文本质量很高，成为天主教公认的唯一圣经文本。杰罗姆在翻译时重在理解，突破了逐字、逐词的传统译法，强调对原意的领会和传达。这一时期是中世纪欧洲基督教兴起时期，在教会势力不断强大的情况下，《圣经》翻译高潮延续至6世纪前后。4—5世纪时，《圣经》完全翻译成拉丁文，后又翻译成各国语言。自此之后，《圣经》的翻译活动时断时续地又持续了十几个世纪。

3.中世纪西方翻译时期

在中世纪中期（11—12世纪），西方翻译家聚集在西班牙托莱多（Toredo），将大量阿拉伯语著作翻译为拉丁语。其中最杰出者当推巴利阿里和阿卜杜拉·萨维尼两位译家。他们分别于1190年和1330年译出了《圣徒传》中的前半部分。基督教与穆斯林之间在历史上罕见的友好往来，在西方翻译发展史上形成了第三次高潮。

原来，早在9—10世纪，叙利亚学者便到雅典将大量希腊典籍翻译为叙利亚语并运回巴格达。在巴格达定居的阿拉伯人还将这些作品翻译成阿拉伯语，一时间，巴格达成了阿拉伯人学习古希腊文化的重点地区。到了11—12世纪，西欧城市的出现与市民阶层的形成，反封建、反教会的城市斗争与"异端"思潮运动兴起，世俗文化初具雏形。同时，一大批西方翻译者聚焦于西班牙托莱多，并将此地作为翻译活动的中心，把一大批阿拉伯文古希腊典籍作品转译为拉丁文，这一翻译和学术活动持续了一百多年，产生了深远影响。这一翻译活动的兴盛，开创了文艺复兴时期翻译兴盛的先河。

4. 文艺复兴时期的西方翻译

14至16世纪，欧洲出现的文艺复兴是新兴资产阶级反封建、反教会的思想文化运动，其思想体系是人文主义。这次革命不仅对当时欧洲社会发展有重大影响，对于后来整个人类历史的进程也有着深远的意义。在这场革命中，欧洲各民族的文化交流得到空前加强。随着古希腊、古罗马典籍著作中手抄本的出土，使得古希腊与古罗马文化得到了重视与挖掘，从而实现了古代文化复兴的目标。欧洲从此突破了中古世纪封建教会对欧洲的文化禁锢与压抑，步入了一个新的文化繁荣时期。这次翻译繁荣时期是以使用不同国家语言对古希腊著作的翻译为其基本内涵，兼顾思想、政治、哲学、文学、宗教等诸多方面，涵盖当代及古代主要著作，并产生了一大批优秀翻译家及优秀译作。

文艺复兴以后，西方各国翻译在17世纪后半期到19世纪前半期不断推进。特别在18世纪末至19世纪初，随着科学技术的进步以及人文主义思潮的兴起，西方的文学、艺术、科学等各方面都取得了长足的发展。与此同时，翻译事业也随之兴盛。尽管从规模与影响来看，这个时期的翻译无法与文艺复兴时期相提并论，但是这个时期仍出现了一大批优秀译著。这个时期的最大特点在于翻译家在不断翻译古典著作的同时，还对近代及当代著作产生了浓厚的兴趣。

第二节　英语翻译的理论依据

一、中外翻译主要理论

（一）我国翻译的主要理论

1. "文质说"

我国传统翻译始于佛经，佛经翻译是我国翻译史中一个重要组成部分，不仅表现了我国语言的博大精深，还体现了我国文学的精妙绝伦。革命家瞿秋白在《再论翻译》一文中说得很清楚："佛经的翻译在中国的文化史上有着相当的功劳。"这主要体现在以下两点：首先，佛经的翻译是我国第一次用自己"最简单的言语"

去译其他国家相对复杂的梵文；其次，佛经的翻译实际上是白话运用的开始。

起初，我国的翻译理论研究主要是"文丽"和"质朴"两大派的论争。其中，前者强调的是对译文要进行修饰来保证文章的通达；后者强调的是对原文不能增减，要紧扣主题。实际上，这两个理论和今天的"意译"与"直译"比较接近。在翻译理论的不同阶段，不同的翻译家围绕这两个问题提出了自己的标准和方法。以下具体介绍几位杰出的佛经翻译家：

（1）支谦的佛经译论思想

支谦，本是月氏人，受业于本族人支亮，而支亮受业于支谶，因此将这三人称为"天下博知，不出三支"。支谦是较早的佛经翻译家。东汉末年，洛阳动荡不堪。为了躲避祸患，支谦随其族人来到东吴，孙权拜他为博士。从222年到254年（即孙权黄武元年到孙亮建兴三年）年间，他搜集了各种原本和译本，对没有翻译的进行补充，对已经翻译的进行修正，尤其是对自己的《道行》以及《首楞严》等进行重新翻译。

支谦的译著丰富，他精通六国语言，在翻译佛经的过程中，尤其注重总结经验，切磋翻译技巧。尤其是在他的《法句经序》一书中，涉及了翻译的美学问题以及翻译的哲学本质问题，尤其是文与质的关系问题。

在翻译的时候，支谦基本用意译的方式取代音译，并且意译得比较彻底。支谦的翻译作品力图去适应汉人的口味，但是译文的忠实性就受到了一定的影响。他过分追求美巧，因此不免会脱离原著，这遭到了后来很多翻译学家的强烈批评。但不容忽视的一点是，由支谦开创的这种翻译风格对普及佛教起到了相当大的作用。

（2）释道安的"五失本、三不易"思想

释道安，东晋著名的佛经翻译评论家。他潜心修佛，后期主要以翻译佛经和讲授般若经为主。释道安并不懂梵文，但是在研究般若经的过程中，逐渐开始研究翻译，并且在《摩诃钵罗若波罗蜜经抄序》一书中提出了著名的"五失本、三不易"理论，意思是说在翻译梵文经书的时候，有五种情况很容易导致译文丧失原意，三种情况很不容易处理。

失去原文本来面目的五种情况分别是：①梵文的词序和汉语正好是相反的，

翻译时必须顺从汉语语法。②梵文相对比较质朴,而汉人比较喜欢华美风格,因此翻译的时候要进行一定的装饰,这样才能满足读者的需求。③梵文中具有同样意义的词语往往是重复的,因此翻译时需要对其进行删减。④梵文的结尾一般都有小结,实际上是对前文的复述,因此翻译时必须将其删去。⑤梵文中一件事情讲完,将要谈论其他事情的时候,会再次复述前面的话,因此翻译时要将其删除。

不容易处理的三种情况分别是:①翻译的时代和原著的时代不同,因此要用现在的语言来解释古代习俗是很不容易的。②古代先贤大义对于后世的知识浅薄者是很不容易理解的。③佛教创始人释迦牟尼佛去世后,其弟子翻译尚比较慎重。

其中,"五失本"是对佛经翻译的总结,而"三不易"反映了佛经翻译的难易观。

(3)玄奘的"五不翻"原则

由于玄奘精通梵文和佛理,并且汉语文笔极好,因此在翻译时基本上是出口成章的,只要记录下来就可以了。玄奘的译文贵在能够达意,能够运用文字来融化原文的义理,简单来说,就是能够用一家之言来贯穿全文,并对之前旧的、晦涩难懂的译文进行重译。玄奘常用的翻译方法有以下几种:①补充法。为了能够让读者轻易地了解内容,译者常常加入几个字或者几句话来注释。②省略法。玄奘对原文删节极少,而且仅限于不重要的地方。③变位法。因为梵文语序与汉文语序存在差异,所以在翻译的时候会改变梵文的次序。④分合法。这主要是应用在翻译梵文复合词的时候。⑤译名假借法。有时候会使用另一种译名来对专门术语进行改译。⑥代词还原法。玄奘会把原文的代名词译成代名词所指代的名词,并在前面加"彼"或者"此"等。

玄奘翻译的作品质量很高,他能够熟练地运用各种翻译技巧,达到内容与形式的统一,真正做到了"质文有体,义无所越"。

玄奘对佛经翻译的认真是史无前例的,为了达到翻译方法的整体划一,他提出了著名的"五不翻"原则。所谓"五不翻",并不是不翻译,而是出于某种考虑,对于一些梵语词语,尽量保持源语语音的汉字写法,而不必按照其意义进行翻译。这种说法和现在熟知的"音译"比较类似。"五不翻"原则主要包含以下五个层面:①秘密故。在经书中,有很多佛学的秘密语,如诸陀罗尼,这些词语比较微妙,翻译时以音译为主。②含多义故。佛经中有些词语是多义词，如"薄伽梵"这一词语，具有自在、吉祥、端严、尊贵等意义，因此翻译时不可以随意选择其中的一个意义进行翻译。③无此故。经书中如阎浮树等原产于印度，在我国并不存在，因此翻译时多采用原音。④顺古故。在翻译如阿耨多罗三藐三菩提等词语时，由于从汉代开始，各个翻译家都采用音译法，因此予以保留。⑤生善故。在翻译释迦牟尼、般若等词汇的时候，不要意译为能仁、智慧等，应采用音译。

"五不翻"原则在玄奘之前早有提及，但是并不系统和完整。玄奘的这一原则对我国翻译事业的发展有极其重要的作用，并对之后的翻译实践有积极的指导作用。因此，玄奘是我国古代最为著名的佛学家以及大翻译家，同时也是一名杰出的文化传播使者。

2. 严复的"信、达、雅"

严复的翻译主要有两大贡献：一是他选择原书的精神，认为西方国家的强盛就在于学术上，这也是中国自强的需要，因此，他选择的书都是精心研究过的，并依据时局的需要进行翻译。二是明确界定翻译标准，这体现在他的《天演论译例言》一书中，他这样描述道，"译事三难：信、达、雅。求其信已大难矣，顾信矣不达，虽译尤不译也，则达尚焉"。

严复提出的信、达、雅三条翻译标准，对后世的翻译实践起到了极大的推动作用。这三个字之间是不可分割的有机统一体，著名学者王秉钦这样评论道："三者的关系是以信为本，以雅为表，以达为中间纽带，三位一体。"

首先，"信"是翻译的基础和前提。"信"是指翻译要忠实于原文。翻译的过程是在理解原文的基础上，用另一种语言再现原文的过程。因此，译者在原文和译文之间充当桥梁的作用。对于原作的忠实，就是其思想、感情、风格、韵味等都要忠实，如果译文的思想、感情、风格、韵味与原文相差甚远，那么就不能称之为"信"了。另外，值得注意的是，任何原文不仅有字面含义，还有隐藏于文本内的深层含义，因此，译者也应该将这些信息准确地传达给读者，这是深层意义上的"信"。

其次，"达"是翻译的目的。"达"是指译文要传达出原文的思想和内容。从理论上来说，翻译是信息转换和传递的过程，目的是用最自然、最接近的方式在译入语中呈现原文的意义和风格。由于文化背景、风俗习惯的差异，其语言文字也明显的不同。一个好的译作必然是运用本土中最合适的对等语言来传达原作的意思，因此，翻译时应该适当调整原作的形式，否则很难避免出现一些晦涩的词语。这种调整是"达"的基础，而"达"的最高层次是在原作的深层含义上，即译者应该深刻领会原作的主旨，然后再用另一种符号表达出来。

最后，关于"雅"的原则，后人有不同的理解。这里作者将严复的"雅"分成两个层面理解：一是用精美的词句来修饰文章，二是与"信、达"相关联。这里的"雅"不是典雅、美化的意思，而是传达出比词语、句子更高的东西，即原作者的精神风貌和心智特点。

严复的"信、达、雅"理论自提出之日起，就引起了多方面的争论，有人认为他的标准过于陈旧，有人则认为他的标准不够完美，并不能有效用于指导实践。但是仍旧有很多的翻译者根据其标准从事翻译活动，如林语堂、钱锺书等人。可见，严复的理论随着时代的变迁不断发展壮大，其意义和内涵也在不断地延伸和升华。

3. 鲁迅的"信顺说"

鲁迅，原名周树人，鲁迅一生的文学活动是从翻译介绍和研究外国文学开始的，他是现代中国翻译理论的奠基人。鲁迅的一生共翻译了14个国家的100多位作家的200多种作品。翻译内容涉及的国家主要有英国、法国、日本等。

在日本留学的时候，鲁迅翻译了法国作家凡尔纳的科幻小说《月界旅行》以及法国作家雨果的《随见录》，同时，他还编译了《斯巴达之魂》。1909年，他翻译了俄国作家安特莱夫和迦尔洵的作品，编著了两本《域外小说集》。后人认为《域外小说集》开创了我国翻译史上的新纪元。在这一时期，鲁迅的翻译思想是为了战斗，他的心站在弱者的一边。

此后，鲁迅从民主主义思想向共产主义思想转变。受形势和思想武装的影响，他翻译了不少文艺理论作品，如《苦闷的象征》《文学与革命》等。这一时期是鲁迅翻译活动中最辉煌的时期，他从一个民主主义者彻底地转变成共产主义者。为了革命的需要，他翻译了大量的战争作品。

从这些翻译的著作中不难发现，鲁迅的翻译为翻译理论的发展作出了重要的贡献。作为翻译理论家，他用大量的精力借用外国的火来照亮当时的中国。他发表了大量评述当时翻译思想的文章，同翻译界的错误思想进行论证，最终巩固和发展了我国传统的翻译思想。下面介绍两次著名的论争。

（1）关于"直译"与"意译"的论争

关于"直译"与"意译"的论争是在白话文运动上遇到的第一个翻译理论的争论问题，争论的内容为：直译是否应该采用白话文翻译，意译是否应该采用文言文翻译；直译、意译是否都应该采用白话文翻译。

由于翻译界大量翻译的都是西方文学作品，因此采用直译的比较多，而鲁迅是直译的代表。

（2）关于"信"与"顺"的论争

1931年12月28日，鲁迅先生在同瞿秋白商讨翻译事宜时，提出"宁信而不顺"的翻译主张。鲁迅认为在为知识分子翻译著作时，应主张"宁信而不顺"，反对"顺而信之"。"信"是为了"顺"，而"顺"是为"信"服务的。在这个意义上说，"宁信而不顺"比"顺而不信"更重要一些。所谓"信"，即忠于原文，要求译者把原文内容译得完整；所谓"顺"，即译文在符合规范的基础上，应流畅易懂。译文须明白晓畅而无佶屈聱牙、文理不通和晦涩难懂之处，但要彻底达到这一点并非易事。"信"与"顺"互为补充，"信"而不"顺"会使读者难以理解，从而丧失翻译的功能；"顺"而不"信"则会游离于原文的格调与内容之外。这两者若不能兼收并蓄，则选择"宁信而不顺"。

事实上，"宁信而不顺"展示了鲁迅翻译观的典型特点，对于理解鲁迅的翻译理论有着重要的意义和历史价值。"信"就是忠实地传递原文，鲁迅选择把翻译看作一种全新的情感观念，还将其看作一种全新的表现手法，因为人类的思维方式都表现为语言，唯有输入全新的表现手法才有可能使中国思维走向现代化。"顺"字翻译，就是要让译文在服从中国语言习惯、语法规则的基础上，归化为中国传统思维模式。"顺"并不意味着完全照搬原作内容，而是要根据具体情况作出适当调整，以符合读者的期待视野。另外，还要注意保留原著的文化特色。很显然，中西方思维方式、价值观念不同，"信"不可避免地与"顺"发生矛盾，从"信"到"顺"是一个顺应、接受的过程。这句话是鲁迅在翻译实践中的理论概括，同时也是他改造国民思想的集中体现。

我国传统翻译理论自支谦至钱锺书，大致经历了两大发展时期，一是古代以佛经典籍为主的发展时期，二是近现代与当代以社科经典与文学名著为主的发展时期。两个发展阶段主要翻译对象虽然有所改变，但是翻译思想基本一致。罗新璋用"案本""求信""神似""化境"八个字来概括中国传统翻译思想与理论，可以说深得中国传统译论的真谛。"案本"和"求信"这两个词很恰当地概括了以佛经典籍翻译为蓝本的中国古代翻译思想——原文至上，追求忠实。他指出，"所谓案本"，就是原文；"求信"，指译者要忠实于原文。"神似"和"化境"两个词十分形象地点明了以文学翻译为根基的中国近现代及当代翻译思想之精华，即要从原有的表面忠实向更加深层次的忠实转变，由文本表面上的相似走向寻求译文对原作接受结果的契合。

中西翻译思想出现实质性变化是在中西翻译发展史的第三阶段，对西方而言是在第二次世界大战结束以后，对中国而言则还要晚将近三十年。

（二）西方翻译的主要理论

1. 哲罗姆和奥古斯丁的古典译论

在罗马帝国的早期和中期，翻译实践以世俗典籍为主要对象；到了罗马帝国末期，随着基督教在罗马帝国境内获得合法地位，圣经翻译成为一股潮流，出现了像哲罗姆和奥古斯丁这样有代表性的翻译实践者和思想家。

哲罗姆生前被誉为罗马神父中最博学的人，他对语法、修辞、哲学、希腊宗教诸多知识领域无一不精通。在任教皇达马苏一世的秘书时，他耗时23年，翻译完成了《通俗拉丁文本圣经》。哲罗姆的《通俗拉丁文本圣经》与《七十子希腊文本》一起成为中世纪流传最广、最具有权威性的《圣经》译本，它后来还代替了《七十子希腊文本》，成为西方各国民族语圣经翻译的第一原本。

在长期的翻译实践中，哲罗姆形成了自己的翻译观。他强调自己翻译的时候并不采用逐字对译的方法，而是采用意译的方法。他同时也很清楚地认识到，翻译方法的选择要依翻译文本的类型而定。翻译《圣经》不宜一概采用意译，而应该主要采用直译，他强调意译应更多地应用于文学翻译中。针对《七十子希腊文本》所标榜的其翻译是受到了"上帝的感召",哲罗姆坚持认为,正确的翻译要靠知识,靠对原文的正确理解,而不是靠"上帝的感召"。

罗马帝国晚期另一位与哲罗姆齐名的翻译家就是著名的神学家、作家奥古斯丁。在《论基督教义》等文章中,他发表了对翻译的看法。他提出,一个合格的《圣经》译者必须具备以下三个条件:首先是要通晓两种语言;其次是熟悉并"同情"所译题材;最后是要具有一定的校勘能力,即能够对《圣经》各种不同文本进行对比,以便找出正确的译文。奥古斯丁还提出翻译中应该注意三种不同的风格:朴素、典雅和庄严。他认为这三种风格的取舍主要取决于读者的要求。他还进一步发展了古希腊思想家亚里士多德的"符号"理论,指出翻译中必须考虑"所指"、"能指"和译者"判断"的三角关系。在有关翻译单位的问题上,他认为翻译的基本单位是词,这也反映了他比哲罗姆更倾向于直译。

奥古斯丁与哲罗姆相似的地方在于他们并不是一味提倡比较自由的翻译方法,而是强调根据翻译对象的性质选择翻译方法。这个观点在西方翻译思想史上具有开创性的意义。

2. 尤金·奈达的等效论

尤金·奈达(Eugene A. Nida)是美国语言学家、翻译理论家,是西方最早从语言学方向研究翻译的学者之一,也是"翻译科学派"最早的主要代表之一。奈达的翻译思想包括以下要点:第一,坚持语言共性论及可译性。奈达认为人类现实经验具有的相似性远远大于相异性,所有的语言都能有效地表达人类的相似经验。虽然不同类型的语言外壳可能不一样,但是人类这种普遍经验的传达是可能的。第二,奈达借鉴美国语言学家乔姆斯基转换生成语法有关语言深层结构——表层结构的模型,提出了跨语翻译的全过程,即翻译过程包括分析——转换——重组三个步骤。源语言A,无论语法结构多么复杂,经过语言分析,都可以简化为几个数量有限的最核心的句子,即该语言的深层结构X;将X转换成接受语的深层结构Y;最后通过重组,在语言B内将深层结构转变成形态各异的语言表层结构。第三,奈达提出了翻译的形式动态对等、功能对等以及等效论。形式对等关注信息本身的形式和内容两个方面。在这种类型的翻译中,译者关心的是接受语言中的信息应该尽量与源语言中的不同成分相匹配。这样一来,形式对等主要考虑源语言的结构,采用这样的翻译可以有助于源语语言结构的理解。如果两种语言差别太大,如汉语和英语,这种翻译就是不可想象的。动态对等指的是在这类翻译中,人们并不那么关注接受语信息和源语信息的一致,而更关注动态的关系,即接受者和信息之间的关系应该和源语接受者和原文信息之间存在的关系相同。奈达提出的翻译的"等效论"改变了西方两千多年来围绕直译还是意译的翻译争论,第一次明确地关注到了信息接收效果上,是对翻译理论作出的重大贡献。从此,翻译理论不再局限于对文本的忠实,而是考虑读者接受的效果,扩大了翻译研究思考的范围。后来,奈达考虑到"动态对等"可能引起误解,于是又提出了"功能对等"。

3. 卡特福德的"等值转换论"

卡特福德是早期语言学翻译研究的另一位代表。他主要借用了语言学家韩礼德"阶与范畴语法"(scale and category grammar)的理论来解决翻译问题。首先,他把翻译定义为:一种语言的语篇成分由另一种语言中等值的成分来代替,并进一步认为翻译理论的中心任务在于解释翻译对等形式的性质和条件。其次,卡特福德根据范围、层次和级阶三个参数把翻译分成三大类:即根据翻译的范围,把它们划分为全文翻译(full translation)和部分翻译(partial translation),前者指的是译文毫无遗漏地替换掉原文材料,后者则包含了原文中一些尚未翻译的东西;根据翻译的层次,翻译可分为完全翻译(total translation)和有限翻译(restricted translation),所谓完全翻译是指语法单位一一对应的等值翻译,有限翻译则意味着原文与译文仅仅在某个层次上对应等值;根据语言的级阶,翻译可以分为逐词翻译、直译和意译。

后殖民主义翻译理论质疑翻译的透明性表征,挑战意义的确定性,在此基础上揭露翻译在帝国事业中所扮演的不光彩角色,提醒人们关注翻译在塑造殖民身份的过程中所起到的关键作用。如印度学者尼南贾纳在《为翻译定位:历史、后结构主义与殖民语境》一书中探讨了翻译在印度的被殖民历史过程中所起到的"共谋"角色,目的在于暴露翻译作为一套殖民话语所暗藏的意识形态。文学理论家斯皮瓦克则在《翻译的政治》一文中通过分析西方女性主义者翻译第三世界女性文本的事实,让人们警惕女性主义事业中隐藏的新的殖民主义和压迫。

解构主义翻译研究深受德里达解构主义的影响。解构主义宣扬主体消散、能指自由、意义延宕和二元崩溃，这给翻译学带来了巨大的挑战和启发，主要表现在：意义的确定性遭到质疑和颠覆，建立在此基础上的翻译"忠实"观遭到了前所未有的动摇，进而原文译文、作者译者传统关系遭到颠覆。虽然解构主义带给人们很多争议，但毋庸置疑的是，解构主义大大启发了翻译研究。

进入全球化的 21 世纪，翻译研究也呈现出了新的发展态势。

首先，翻译研究的跨学科性加强。单纯的语言学、比较文学、人类学或心理学等学科已经无法给翻译学科提供一个完整而全面的翻译研究。每一种方法从理论上说都是可靠的，但对它的研究对象又是很片面的。随着女性主义、后殖民主义等翻译研究的持续深入，单一的方法已经无法对复杂的翻译现象进行有深度的认识。最明显的跨学科趋势体现在语言学和文化研究的融合方面。语言学的量化研究为文化学派的翻译研究提供了坚实的实证基础，而后者为前者提供了宏观的分析工具，使量化研究的结果获得某种宏观的意义。这就如同观察世界的工具显微镜和望远镜一样，只有将两者密切而有效地结合，人们才能获得有关世界的更客观和更科学的结论。语料库翻译研究在两者的结合方面做出了一定的尝试，但还有广阔的空间有待探索。

其次，经济全球化将世界连为一体，而随着文化冲突的不断加剧，本土与异域的差异和同化都给翻译和翻译研究提出了新的课题。翻译具有塑造文化、阶级、种族和性别等身份的巨大力量，而翻译研究迫切需要对种种身份冲突做出自己的探索和提供可能的解决方案。因此，探索文本生产和文化身份的问题是翻译研究当前关注的重要问题。

二、不同视角下翻译理论的阐述

我国古代思想家老子说："信言不美，美言不信。"英国小说家和诗人吉卜林认为："东方是东方，西方是西方，二者水火不相容。"从古至今，很多人在理解翻译方面都有过很多精彩的阐述，也从侧面体现了翻译者所扮演的重要角色。古今中外的哲学家、思想家、文学家、艺术家都热衷于翻译工作，他们以精辟的语言说出了翻译中的各种理论。比如很多人把翻译比作绘画，就出现了"隔行不隔理"的说法。画家齐白石曾说过："作画妙在似与不似之间，太似为媚俗，不似为欺世。"我国翻译家傅雷认为："就效果来说，翻译要如临画，要求的不是形似，而是神似。"

钱锺书著名的"化境"论说：文学翻译的最高理想可以说是"化"，既不因语文差异而露生硬的痕迹，又能完全保存原有的风味。无独有偶，威切斯勒将翻译家与音乐家相比较，认为翻译家和音乐家是同一性质的，他们都把别人的作品通过自己的艺术创造再现给人们。英国翻译理论家西奥多·萨瓦里也曾把文学翻译比作绘画，把科技翻译比作摄影。泰德勒则将翻译比喻为复制一幅画。画论译理，灵犀相通，可见齐白石所论实在是至理名言，之于翻译实则是精妙的法则：翻译作品不可"不似"原作，如"不似"原作，则决然不是翻译；翻译作品不可"太似"原作，如"太似"原作，又如何能称为艺术？只有"妙在似与不似之间"，才能既是翻译，又是艺术。

从19世纪起，许多人就开始从传统语言学理论出发来对翻译进行研究，他们将翻译看作用一种语言精确完整地将另外一种语言再表达出来的语言活动，或将一种语言中连贯的话语转变到另外一种语言中去，同时又能保留其中的内容和含义。步入当代，在当代语言学影响下，研究视点已由语言本身拓展至交际语境、语域和语用领域，并将翻译看作交际活动。奈达以交际翻译观为其代表。他主张翻译就是在译语中用最为恰当和自然的对等语，从语义上和风格上重现原文信息。近十年来，翻译研究（主要是文化研究）已形成热点。研究得出：翻译是各国家、各民族在政治、经济和文化交往中的结果，又促进了它们之间的关系，使得一国文化被他国分享与学习，进而推动了各民族文化的繁荣与革新。在这个时期，许多西方学者用"跨文化"来描述这种翻译活动。有学者明确指出："跨文化依赖于文本，目的在于跨文化信息转换。翻译就是译者顺应翻译生态环境移植文本的一种选择活动。"从认知语言学的角度来研究翻译，也就是语言学家王寅老师的"认知语言学翻译观"。他认为：翻译就是一种认知活动。它建立于现实体验背景下认知主体参与的多重互动这一认知基础之上。译者应在深入了解源语言语篇表达各种含义的前提下，努力把它们映射到目标语言的转述上去。译文应注意勾勒出作者要描述的现实世界。二位先生虽然从不同角度系统地研究过翻译问题，但是他们都主张在翻译时要考虑到翻译中多种因素的影响，并最终达到和谐翻译和顺利进行跨文化交际的目的。

同时，也有相当一部分人把翻译看作艺术创作形式之一，注重语言创造功能和译品艺术效果。例如，拉斐维尔和兰伯特都认为"翻译就是对原文的重新摆布"。这些观点在一定程度上反映了人们在翻译上的认知误区，但它毕竟还不足以否定翻译在文化传播中所起到的作用。从某种意义上说，翻译不仅是一门科学，而且还是一门艺术。有些学者认为翻译是实践性非常强的一门艺术，它不仅是一种模仿，更是一种创作。

值得一提的是，实用主义者以翻译中的现实成分为出发点，认为翻译是顾客委托完成的任务。周兆祥博士则认为翻译工作并非是一种超脱社会的艺术，它是一种适应社会发展需要的雇佣兵式的服务。他说："译者的主要责任，不是译好某些文字，而是为了委托者的最大利益，完成当次委托的任务。"罗宾逊也谈道："不同的人对翻译有不同的看法，不做翻译的人视其为文本处理，译者则视之为一种活动。"

长期以来，人们对翻译的争论和论述还集中在翻译作品"可译"与"不可译"上，使之成为一个古老的悖论，为人们提出一个二律背反的命题。一方面，人们认为翻译为人们的沟通和交流发挥了巨大作用；另一方面，很多学者、作家、思想家、翻译家对翻译的真实性又表示怀疑。例如，意大利文艺复兴时期诗人但丁（1265—1321年）就提出"文学作品不可译"的观点，他始终认为"翻译将破坏全部的优美和谐"。他说："任何富于音乐和谐的作品都不可能译成另一种语言而不破坏其全部优美的和谐感。"[1] 西班牙作家塞万提斯（1547—1616年）则形象地将翻译比喻为"反面观赏弗兰德斯的花毯"（又译为佛拉芒毯），图案轮廓固然清晰，色彩却不见了。他在其长篇小说《堂吉诃德》中借主人公堂吉诃德的口这样说道："不过我对翻译也有个看法，除非原作是希腊、拉丁两种最典雅的文字，一般的翻译就好比弗兰德斯花毯翻到背面来看，图样尽管还看得出，却遮着一层底线，正面的光彩不见了，至于相近的语言，翻译好比誊录或抄写，显不出译者的文才。"翻译家彼得·纽马克对翻译的比喻非常实际，他说："许多翻译都是在一

---

[1] 古典文明研究所工作坊. 古今之间的但丁[M]. 北京：华夏出版社，2014.

种方案与另一种方案之间的妥协。翻译是一种变戏法的动作，是一种碰运气的事，是在走钢丝。无论对译者或者对翻译批评者而言，只要有时间，他们总会对已翻译的东西改变主意或看法。"①

德国翻译家洪堡特也就翻译的可译性与不可译性发表了两元语言观。他指出："所有翻译都只不过是试图完成一项无法完成的任务。任何译者都注定会被两块绊脚石中的任何一块绊倒，他不是贴近原作贴得太紧而牺牲本民族的风格和语言，就是贴近本民族特点太紧而牺牲原作。介乎两者之间的中间路线不是难以找到而是根本不可能找到。"但是他又说："在任何语言中，甚至不被我们所了解的原始民族的语言中，任何东西，包括最高的、最低的、最强的、最弱的东西，都能加以表达。"②

我们从中可以发现翻译这项工作虽然很难，却存在很多奇妙之处。大家在讨论翻译的时候，都认为翻译具有丰富的色彩和鲜明的个性，足见其内涵之丰富性、外延之宽泛性。不同译者的文化背景、个性特质、社会表征等诸多因素都决定着其对译品的认知及译作风格，而这些事物反映到译品上就会使译品产生分歧而影响读者，但译品对于读者所形成的影响是有社会责任的。译品对原作的忠实程度以及传达原作思想与风格乃至微妙语言特征的程度实在难以掌握，也难以有统一标准。因此，我们说译品不仅是一种文化现象，还是一种艺术现象。在这个意义上，译品具有一定的时代性，反映着时代发展的要求，也预示着未来的发展趋势。译品质量也同样与译者的学历、个人特质等因素相关，而且在相当大程度上与人所受到的传统文化教育有着非常紧密的联系。有些人一生译过不少著作，但影响不大；有些人一生只译过一本著作，但影响广泛；有些人因为译品名声大噪；有些人译品已成经典，但他本人知之甚少。这引出了人们关心的问题，即由谁来综合考虑诸多因素，对比确定译品是否符合原著的内容，翻译出来的作品是好还是坏。就《简·爱》而言，译品有二三十种，可谓除译者所处具体时代的某些印记在译文上有所体现外，应当说是各具风格。所以说，每个人都希望自己能成为最好的作者或最优秀的翻译家，都期望得到他人更多的认可和尊重。

---

① 彼得·纽马克.研究问题探讨［M］.上海：上海外语教育出版社，2001.
② 洪堡特.论人类语言结构的差异及其对人类精神发展的影响［M］.北京：商务印书馆，1999.

不难看出，学者们对翻译既有侧重宏观的比喻，又有侧重翻译过程的描述的想象比喻。通过这些比喻，人们可以对翻译的本质有一些认识，从而为学习翻译打下良好的基础。

第三节　英语翻译的技巧与策略

一、翻译技巧

（一）词汇翻译技巧

英汉两种语言除一些专有名词、科技术语以外，意义绝对相等的词为数很少，主要原因有以下五点：

（1）词义在具体的语境中大多具有相关性和辐射性

某个词在词典中的释义可能是孤立的、僵硬的或者是缺乏生命力的，但它出现在具体语境中时，就立即变得生动活泼、有声有色，承载着各种各样相当微妙的意味，要传达的信息有时甚至是"只可意会而不可言传"。语言之所以具有无穷的魅力，原因就在于此。许多情况下是"词义无定，义随景生"。词的本义在语境中可以有丰富多彩的辐射，可以激发很大的想象空间。所以，许多译者都会遇到这样的尴尬情况，就是把词典上对某个单词的释义简单地放到译文中去，怎么译也译不通，由此可以推断翻译单词的最大困难往往不在于单词本身，而在于它与上下文发生联系时所承载的文化意蕴。

（2）英汉词汇都有一词多类、一词多义的现象

如英语的 like 同时兼类动词、名词、介词、连词和形容词。汉语的"轻松"同时兼类动词、名词、形容词。再如英语的"broken"一词的基本意思是"破碎"，但还有其他意思："a broken man"意为"潦倒的人"，"a broken soldier"意为"一个受伤的士兵"，"a broken time"意为"零星时间"，在"a broken cup"意为"破杯子"，"a broken home"意为"破裂的家庭"，"a broken road"意为"起伏不平的道路"，"broken English"意为"说得不流利的英语"，"broken-hearted"意为

"伤心"，"a broken sleep"意为"时睡时醒"，"a broken record of argument"意为"陈词滥调"。汉语的"影响"在不同的语境中也有多种意思，在"他的思想影响了几代人"中意为"激励"，在"这种坏书对青少年有很大影响"中意为"腐蚀，产生负效应"，在"你别站在那里影响我看电视"中意为"妨碍""挡住视线"，等等。

（3）英汉词汇都有褒贬之分、色彩之分

例如，英语的"ambitious"，用于黑社会是贬义，用于正当而又颇有成就的行业是褒义，用于一般性的商业活动是中性，其中的色彩相当微妙。

（4）英汉词汇各自都有言外之意

例如，英语"coach potato"的言外之意是"窝在长沙发里长时间看电视的人"，"the two fronts of the pen and the gun"的言外之意是"文武两条战线"。汉语中的"三只手"意为"扒手""小偷儿"，"二百五"意为"傻""蛮横"，等等。

（5）英国英语与美国英语也有区别

例如，"orchestra chairs"，英国英语是指"乐池座位"，美国英语是指"正厅前排座位"；"merchant bank"，英国英语意为"投资信贷银行"，美国英语意为"商业银行"；等等。

鉴于上述情况，英汉互译中必须谨慎选词、用词，不能仅仅依靠词典上的释义，更不能仅仅依靠一本词典或译语词典。翻译一个词，必须先从它在上下文中所处的位置以及与其他词的搭配关系去理解，并选择适当的翻译表达。其基本原理是：译词看句子，译句子看段落，译段落看全文。孤立地译词是最下策。诚如刘宓庆先生在其《文体与翻译》中所言："毫无疑义，我们不应当把词义理据理解为可以机械照搬词典中对某一词的字面根据。事实上，词语在语境中实际词义在词典里常常找不出字面对应词。原文愈难，就愈要求我们要学会在遵守词义理据的前提下，融会贯通地从本原到本原，触类旁通地灵活变通地进行思考，从而掌握一个词语的各种意义，达到求义而不拘泥词典的目的。"[①]

1. 英语翻译中要适度增减词

美国作家贝亚德·泰勒曾有一句名言："There is no mathematics without plus or

---

① 刘宓庆. 文体与翻译[M]. 北京：中国对外翻译出版有限公司，2012.

minus, which holds good for translation."（没有加减就没有数学。同样，没有加减也没有翻译）为了确切而又通顺地表达原文的意思，翻译实践中运用加法或减法不仅是必要的，而且有时是不可避免的。

无论是英译汉还是汉译英，使用频率很高的一个技巧就是适当地增词或者减词。运用增词或者减词的手法，主要目的是使译入语表达得自然顺畅。这里有一个铁定的原则必须严格遵循，即增减要适度，做到增词而不增义，减词而不减义。译者可以在词汇的表达上进行自由变通，但决不允许改变原文的思想。

增词法或减词法主要服从于以下几种需要：

（1）服从语法的需要

英语动词的时态、情态、语气以及特定的短语和非谓语动词译成汉语时一般需要加词。英语的代词译成汉语时在许多情况下需要加词，以便使之指代明确，而汉语中重复使用的同一名词译成英语时有的则需要变成代词。此外，英语结构严谨，是形合语言；汉语铺放流散，是意合语言。因此，许多带关联词的句子译成汉语时需减词，而同样的结构在汉语句子中往往是暗含的，所以译成英语时则应该加词。

（2）服从惯用法的需要

英语的许多形容词、副词、介词（短语）表达能力很强，所以译成汉语时往往需要加词甚至译成短句，回译时则需要减词。

英语的一些名词（特别是抽象名词）表意丰富，译成汉语时常常需要增词，有的甚至需要译成短句，同样的内容在回译时往往以减词为好。

英语很少使用范围限定词或者定性词，而汉语则反之。所以，在翻译英语的一些抽象名词时，要多增加范围限定词或定性词，而回译时则应尽量减掉范围限定词或定性词。

（3）服从表达修辞的需要

翻译的根本任务是传达原文的真实信息，使译文表达得清晰通畅。为达此目的，许多情况下需要增词。有时如不适当加词，译文就显得很别扭或者表意不明。然而，为了表达简洁，有的时候则需要减词。译者无权改变原文的思想，但可以在运用词汇上自由加减、灵活变通。

2. 英语翻译中词性的转换

英译汉时,名词、介词、形容词等可以转译成动词,副词可以转译成短句或动词,动词、形容词可以译成名词等。汉译英时也往往需要进行词类转换,转换的目的是使译文通顺易懂。

(二)句子翻译技巧

英汉两种语言分属两个不同的语系,前者属于印欧语系,后者属于汉藏语系,因此,两者在句子结构上存在着很大的差异。对比两者的异同,找出其中的差异及转换的规律是一项大有可为的研究。

1. 英汉句子种类及类型

英汉两种语言中的句子种类及类型有同有异,下面分别论述。

(1) 英语句子种类及类型

句子是按语法规律构成的语言单位,用以表达一个完整的、独立的意思。句子是构成篇章的基本单位。句子的种类一般是按使用目的划分的,主要有陈述句、疑问句、祈使句和感叹句。句子的类型是按结构划分的,可大体分为简单句、并列句和复合句三种。

英语句子的建构是遵循一定规则的。如 "I was very happy to get your letter." 讲汉语的人只需说"接到你的信非常高兴",就可以把意思清楚地表达出来。然而,大部分懂得英语的人都知道这个英语句子里的"I"是绝对不能省掉的,省掉它,不仅句子的结构不完整,意思也不清楚。人们马上会问:"Who was very happy? Who got the letter?"由此可见,英语句子的建构必须遵循语言内部的固有规则,这些规则一般可以通过句子的基本结构来体现。

句子的基本结构也就是基本句型。这六种基本句型就是以下六种:

主语 + 谓语:Shirley didn't exercise regularly.

主语 + 谓语 + 宾语:She opened the curtains to let the sunlight in.

主语 + 谓语 + 双宾语:They made the boy a flew coat.

主语 + 谓语 + 复合宾语:My mother told me to send you the money.

主语 + 系动词 + 表语:She has been absent from school for about three days.

There be+ 主语:There are many English story—books in the library.

在英语句子中，除了主要成分外，还有一些起修饰作用的次要成分，主要为定语及状语等。这些句子成分虽然被称作次要成分，但就其作用来说，它们并非不重要。在很多句子中，它们都是必不可少的，离开它们，句子就会变得语义不清，甚至毫无意义，如上面列举的六种基本句型里的"regularly""to let the sunlight in""for about three days""many English""in the library"等。很多句子一旦离开这些次要成分，就会像一棵原本枝繁叶茂的大树被削掉了树冠和枝丫，只剩下一根光秃秃的主干一样。任何一门语言都不可能仅靠主要成分来构句，不可能每句话都像"I like it"那样简单。可以说，主要成分构成句子的框架结构，而一个整体建筑不能仅有框架。所以，次要成分跟主要成分一样，都是表达思想必需的材料。

有简单句作基础，并列句的结构就很容易理解的。它是通过连接词把两个或两个以上互不依从的简单句（在并列句中称之为分句）连接起来构成的句子，这种起连接作用的词称作并列连词。常见的并列连词有：and, or, either...or, neither...nor, not only...but also, as well as, both...and...；此外，还有表示转折关系的but, yet, however, never, the less；表示因果关系的so, for, therefore 等。有些并列句的两个分句间不用连词，而用分号，个别时候也用逗号。从理论上说，一个并列句可以拆分成两个简单句；从意思上看，拆开之后的两个简单句很可能关系松散，或语义不明，连在一起，则不仅关系更加紧密，而且逻辑关系更加清楚，因为这些连接词大多本身具有词义。

应该说，英语句子的建构是非常严谨的，有时甚至一丝不苟。在翻译中，熟谙英语的构句规则对理解原文会起到很大的帮助作用。

（2）汉语句子种类及类型

汉语的句子有单句、复句之分。单句可以从不同的角度来分类。从句子所表达的内容和句子的语气来看，单句可以分为陈述句、疑问句、祈使句和感叹句四类。从句子的语法结构来看，单句又可分为完全句、省略句、无主句和独语句四类。复句是由两个或两个以上在意义上有某种联系的单句合起来构成得比较复杂的句子。构成复句的单句叫分句，这些分句必须有一定的联系，这种联系可以用语序或关联词语来表示。

复句的结构比单句复杂，其意义和容量也较大。复句的类型是依据分句之间意义上的不同来划分的，一般分为联合复句和偏正复句两大类。联合复句各个分句意义上的联系是平行的，可用来表示并列关系、递进关系、承接关系、选择关系和取舍关系等。

偏正复句各个分句意义上的联系是有主次之分的，表示主要意义的分句叫正句，表示次要意义的分句叫偏句，通常偏句在前，正句在后。偏正复句按偏句和正句之间意义上联系的不同可以分转折复句、条件复句、假设复句、因果复句、目的复句等。

2. 英汉句子结构

英汉两种语言在句法结构上存在很多不同之处。限于篇幅，本章只侧重研究三种最主要的结构：形合与意合结构、被动结构和变异结构。

（1）形合与意合结构

英汉两种语言之间存在着很大的差异。仅就句子结构来说，一般认为英语较为严谨，汉语较为简明。这是因为英语注重语言形式上的接应，其句子的组成大多采用"形合法"（hypotaxis）；汉语注重行文意义上的连贯，其句子组成大多采用"意合法"（parataxis）。研究形合与意合，对提高英汉两种语言之间的互译质量有着不可忽视的作用。因此，本节主要探讨形合与意合语句的特点并进行两者之间的对比研究。

"形合"是指借助于语言形式手段，使词语或者句子之间产生联系，即句子中的各成分，包括词汇、词组和短句等，用对应的连接词或者关联词语来表达它们之间的联系。如"The gate was opened, and the audience came crowding in"中的"and"，"I will go to find him after a while"中的"after"，"It looks like a storm, so lets gather up our things and go home"中的"so"，"虽然我使尽全力，但是仍然搬不动这块石头"中的"虽然……但是"，"即使你去了那里，也不会有什么结果"中的"即使"，"假如我是你的话，我就不会这样做"中的"假如"等。这些关联词语清楚地表达了句与句之间或句子中各个成分之间的联系，这类句子被称为形合句。

形合句最大的特点就是用词严谨、语义清晰，能够让语言内部逻辑关系更加清晰，能够让话语之间强调意味更加鲜明。所以形合句法一直以来都受到语言学家和哲学家的青睐。在英语里，属于句内或句下层次的较短句式大多是形合句。这是因为英语以较为稳定而多样的形式或手段控制着语言要素间的关系，汉语的情况则相反。另外，汉语在较长的语言片段或句式中多使用形合句，尤其在科技文中，不使用相应的关联词语，即不用形合句，往往很难达到一定的效果。

意合句由于不依靠连接词语完成句与句之间或句子中各种语言成分之间的连接，因此其最大特点是简短精练，但同时又能使句子结构严谨，层次分明，表达准确深刻，富有表现力。因此，意合句在口语交际中占有重要地位，是人们日常生活中经常用到的一种表达方法。汉语讲究意合，因而短句运用较多，这些意合句对偶整齐，韵律铿锵有力，节奏朗朗上口，真可谓干脆利落而又不拖泥带水，且帮助人们加深记忆。这类意合句多为形合句中的紧缩形式，它们在形合的基础之上得到了完善与升华。英语中也有一些意合句，主要体现在一些片语句式、非人称主语句式和介词短语取代从句的句式中。英语中较长的语言片段也往往采用意合法。

（2）被动结构

英汉两种语言都有主动句和被动句。所谓主动句和被动句就是表示主语和谓语之间关系的形式和手段，但同一语法术语在两种语言中所代表的内容并不完全相同。英语中的被动句是指具有被动语法意义的动词短语作谓语的句子，即谓语中含有助动词 be+ 及物动词的过去分词，这是被动语态的标记。汉语中的动词没有这种标记，所以其动词也就没有语态之分，凡是以主语为施动者的句子就是主动句，反之，以主语为受动者的句子就是被动句。

一般来说，无论在英汉哪一种语言中，以施动者为谈话中心时，多用主动句，以受动者为谈话中心时则用被动句。

英语被动语态的使用频率很高，几乎所有的及物动词和部分由不及物动词加介词构成的短语均可用于被动结构。只要说不出行为者是谁，或不想说，或不必说，或以受动者为谈话中心，或为了使上下文意思连贯等都情况可以使用被动语态。汉语中的"被"字句并非等同于英语中的被动语态，它仅仅是表示一种被动关系的句子，因为除了"被"字句外，还有判断句、"把"字句等，这些句式也都可以表示被动关系。在英汉互译中，被动句的转换可谓五花八门、灵活多变。

本节主要从英汉互译的角度分析两种语言中被动结构的异同。

相同之处：当施动者不明或不必说出的时候，两种语言都用被动句表示。如：

All his property was seized, and finally his German citizenship was taken away.

他的财产全部被没收，最后，还剥夺了他的德国公民身份。

He has been sent to work in London.

他被派到伦敦工作去了。

This method is thought necessary.

这种方法被认为是必要的。

当强调被动动作或受动者时，两种语言都用被动句表示。由于汉语的动词无词型变化，所以只能用某些词语来突出被动意义（有时不用），其中最常见的除了"被"字以外，还有"遭""受""为""挨""让""给""获"等。

相异之处：英汉两种语言分属不同的语系，它们自身在构句方面的客观事实就是"异大于同"，因而其被动句的相异之处也是大有相同之处的，所以，在进行英汉互通时还需把重点放在相异之处上。

（3）变异结构

本节中涉及的变异结构主要包括倒装结构、间隔结构、省略结构等。

①倒装结构。英语的语序主要包括自然语序和倒装语序两种。使用倒装语序主要有两种情况：一是出于句法结构的需要，二是出于修辞的需要，

句法性倒装是出于英语句法结构的需要而采用的一种倒装形式，不倒装就不符合句法规范。这类倒装主要包括多数疑问句以及表示让步、假设、重复关系的句子及某些以否定词等开头的句子。这里主要讨论表示让步、假设、重复关系及某些以否定词等开头的倒装句。

②间隔结构。在英汉两种句子里，都会经常见到两个或两个以上的本应连在一起的成分之间插进了其他成分，使正常的句子结构出现间隔，语法学家称之为间隔结构。

③省略结构。省略就是在上下文提供明确信息的情况下，省略句子中的某些成分。它不但是一种"以无为有"的最简便的表达手法，而且是一种简便至极、"虽无胜有"的修辞手段。省略句虽然省去了句子语法构造所需要的组成部分，但是

仍能表达句子完整的意义。

（三）语篇翻译技巧

1. 语篇衔接

衔接是篇章语言学中不可忽视的学术名词，是语段和语篇最主要的特点，同时又是语篇翻译最主要的环节之一。衔接的好坏与话语题旨或者信息能否为读者所理解、所接受密切相关。语篇衔接是指运用某种语言手段将一段文字的各个组成部分从语法上或者词汇上连接起来。

语篇衔接主要有词汇衔接与结构衔接两种方式。词汇衔接是语篇前后词语间语义关系的指称，在语言语境中起着举足轻重的作用。结构衔接就是语篇中某种结构相对于语境中其他结构所具有的一种承启关系，是语言语境在语篇中的一种重要体现。

因为衔接是通过词汇、语法手段加以实现的，所以学者们认为它是语篇的"有形网络"。韩礼德在《功能语法导论》中提出了五种类型的衔接。

（1）照应衔接：通过代词、定冠词、比较结构等实现上下文的衔接。

（2）替代衔接：指用少量的语言形式替代上下文中的一个或几个语句。

（3）关联衔接：利用关联词或关联结构实现语意上的衔接。

（4）省略衔接：指在某结构中被省略的词汇或概念可以在语篇中回找。

（5）词汇衔接：指语篇中的部分词汇相互之间存在语意上的关联。

针对语篇的翻译，要正确理解原文语篇，注意通过衔接手段，将句子与句子、段落与段落按照逻辑组织起来，构成一个完整或相对完整的语义单位。在生成译文时可对原文的衔接方式进行必要的转换和变化。例如：

Wrought iron is almost pure iron. It is not frequently round in the school shop because of its high cost. It forges well, can easily be bent hot or cold, and can be welded.

熟铁几乎就是纯铁。熟铁在校办工厂里不太常见，因为价格很贵。熟铁好锻，很容易热弯和冷弯，还能够焊接。

The human brain weighs three pounds, but in that three pounds are ten billion neurons and a hundred billion smaller cells. These many billions of cells are interconnected in a vastly complicated network that we cant begin to unravel yet...Computer switches and component number in the thousands rather than in the billions.

人脑只有三磅重，但就在这三磅物质中，却包含着一百亿个神经细胞以及一千亿个更小的细胞。这上百亿、上千亿的细胞相互联系，形成一个无比复杂的网络，人类迄今还无法解开其中的奥秘……电脑的转换器和冗件只是成千上万，而不是上百亿、上千亿。

That night he sat alone during dinner, careful, he late told us, not to "get in loves way".But he glanced often in our direction, and we knew he was not alone...

那天晚餐时，他一直独自坐着，尽量"不妨碍别人谈情说爱"（那是他后来告诉我们的），可是他不时朝我们这边瞟上一眼，我们知道他并不孤独……

Without a steady supply of flesh blood, without the oxygen it carries, the human brain is quickly impaired. In four minutes, brain cells, starved for oxygen, begin to die and serious brain damage results. In another few minutes, the brain is completely destroyed.

This was the crux of a stubborn problem. The heart could not be taken out of action for more than four minutes——very little time to repair a heart defect. Until a solution could be found, operation on the open heart would be impossible.

人脑如果得不到稳定的新鲜血液，得不到血液中的氧，就会很快受到损伤。大脑细胞缺氧四分钟后就会死亡，导致严重的脑损伤；再过几分钟，大脑就将彻底损坏。

心脏停止跳动亦不能超过四分钟——用这点儿时间来修补心脏缺陷是远远不够的。问题难就难在这里。不解决这个问题，就不可能打开心脏进行手术。

2. 语篇连贯

衔接就是借助词汇或者语法手段将文脉贯穿起来，使个人其成为篇章中一条有形的网络。这种衔接主要有两种形式：一是词序上的连接性，二是语法结构中的连贯性。前者指词语间的关系，后者则包括句子成分之间以及句子内部各个部分之间的联结。连贯是指在信息发出者与接受者共同理解的场景基础上，经过严密的逻辑推理，将所要表达的语义连贯起来，形成篇章中一条无形的网络。

语义连贯是话语形成的一个重要表征。在翻译过程中，原文与译文之间存在着诸多关联。其中最为常见的就是句子之间的联系。译者只有充分理解看似相互独立而实际上互相照应的句子内部、句子之间或段落之间的关系，并将其完整地表达出来，才有可能传达出原文的题旨与作用。例如：

I wrestled with my own resolution; 1 wanted to be weak that I might avoid the awful passage of further suffering I saw laid out for me...

我和我自己的决心搏斗着：我要成为软弱的人，这样我就可以避免去走那条要我受更多苦难的可怕的路，我看到这条路就摆在面前……

By a simple process. the scientists extract from the leaves of the plant a compound called podophyllotoxin, which is used in the cancer drug etoposide. The main source of the compound to date has been from the root stem of an Asian plant similar to the Mayapple, but taking it kills the Dlant and has resulted in its near extinction. By using the leaves, it is not necessary to kill the plant.

科学家们用一种简单的工艺从这种植物的叶子中提取一种叫作鬼白素的化合物，用它制成磷酸依托泊苷抗癌药物。迄今为止，这种化合物主要源于一种与鬼白果类似的亚洲植物的根茎，但取出根茎植物就会死亡，导致该植物近乎灭绝。只用叶子，就可避免此种后果。

The chess board is the world, the pieces are the phenomena of the universe, the rules of the game are what we call the laws of nature. The player on the other side is hidden from US. We know that his play is always fair, just, and patient. But we also know, to our cost, that he never overlooks a mistake, or makes the smallest allowance for ignorance.

世界是一盘棋，万物就是棋子。下棋的规则即所谓的自然规律，我们的对手隐蔽不见。我们知道它下棋总是合理、公正、有耐心。但输了棋之后我们才知道，它从不放过任何误棋，也绝不原谅任何无知。

二、翻译策略

（一）有效加强学生语篇连贯性的培养

在大学英语翻译教学实践中，由于受到传统翻译模式和思维等因素的影响与限制，英语翻译工作中出现了比较突出的问题。不管是教师还是学生，在翻译过程中都比较拘泥于原文，围绕原文中的字、词、句进行机械化和盲目化的转换翻译等，这类翻译教学具有比较突出的问题和缺陷，极大地限制了学生翻译素养的提高，甚至对于学生语篇概念的生成与发展都是极为不利的。对此，在我国大学英语翻译教学改革实践中需要以功能翻译理论的科学指导体系为支撑，并积极促进翻译工作的变革和科学创新。在具体翻译教学中，教师要切实引导学生摆脱封闭死板和生搬硬套的"死译"和"硬译"的尴尬局面，主动、切实地掌握科学的翻译方法与理念，注重学生语篇连贯性素养的养成。对大多数学生来说，他们只有深刻而又完整地掌握了语篇连贯性这一特点，才能有意识地、积极主动地将其与独立的字、词、句分离开来，进而完成通篇翻译。同时，在大学英语翻译教学过程中也要指导学生明确科学的翻译目的，明确目标功能后，学习通篇考量和思忖原文内容的方法，有效甄别原文，保证整体连贯性，并充分综合衔接语篇和语境，从而更好地优化翻译素养和整体认知，进一步促进思维发展。

（二）科学全面培育学生的跨文化意识

在大学英语翻译教学过程中，有序地培养跨文化意识是使学生能够深刻理解翻译内涵和准确把握翻译特点的一个重要落脚点。为了富有成效地提高和优化学生的翻译水平，真正切实促进学生翻译能力的全面发展，教师应对学生跨文化意识进行积极而切实的培养。无可否认，对部分非英语专业学生来说，其英语翻译往往通过直接翻译来完成，而这些翻译都经过长期实践。这种直接翻译不是一种科学的翻译手段，而是英汉等多种语言的一种转化形式。甚至还有很多学生，一味地将英汉视为替代关系，这一错误认识，显然缺少对英汉深层差异性的理解。为了富有成效地促进学生语言素养的提高，有效综合优化其整体翻译能力和水平，教师要在翻译教学实际过程中对其跨文化意识进行科学综合培养。语言与文化之间有着密切的联系，语言作为文化的媒介和象征，体现了其所表达的文化。在具体翻译教学实践当中，教师应积极地改变和革新翻译教学方法，科学地营造良好的语言文化情境，引导学生在文化情境下高效地翻译。对学生来说，他们只有从文化视角这一角度出发，才能在翻译过程中有较好的跨文化意识，才能有意识、积极主动地去翻译，也才能切实体会英汉两种语言差异和文化区别。当然，教师也可设置科学探究情境，带领学生在业余时间集中探究西方多元化文化风俗、民族习惯和信仰特征。实践表明，翻译教学中做好语言输入的科学性和全面化是保证和促进学生语言输出的一个重要落脚点，也是促进和优化学生翻译能力和语言运用素养培养的一个重要环节。尤其是在互联网背景之下，在翻译教学实践过程当中，教师能够指导学生主动借助网络平台收集和融合相关跨文化内容，进而充分理解翻译的真实用意。当然，教师在培养学生跨文化意识过程中也要重视对学生文化自信的培养，准确提高学生的文化素养。无可否认，相当一部分学生在跨文化培育过程中可能对西方文化产生一种尊崇性的态度，这种态度显然是一种肤浅的认知。鉴于此，教师在跨文化意识培养实践中要注意给学生以明确的文化指导。

（三）积极运用科学恰当的翻译策略

以功能翻译理论为科学导向，为了积极有效促进大学英语翻译教学改革不断深化，实现学生翻译素养的最大化优化，教师要重视对大学英语自身教学特色的掌握，并科学综合应用高效化翻译策略与技巧。功能翻译理论不要求在翻译过程中译文要丝毫不差，它是以科学为宗旨和以功能为依据的高效翻译。因此，将功能翻译理论这样一个较为开放的理论体系运用于翻译过程之中，有着十分重要的意义。教师作为翻译教学中的主要指导者，在引导学生翻译时也要与原文内涵相结合，抓住原文特点，有效开展翻译工作。就这一点来说，翻译过程中到底是采用直译还是意译并没有什么特别明确的规定。功能翻译理论更提倡灵活变通和有效转换翻译技巧。具体翻译实践时，应结合原著内涵，抓住原著真实场景，并应凭借原著实际内容，做到科学、有序的翻译。例如，在翻译时，可采取反复调整词语顺序、增删词语、分译合译、词类转换或者语态变换等手段实现有效化。在翻译教学过程中，学生是学习的关键性主体。为了科学全面地提高和优化学生的翻译能力，教师要在翻译教学实际过程中采取不同翻译方法，并积极利用差异化翻译策略切实提高翻译教学工作质量和效果，从而更好地推动学生全面、快速成长。

第四节 英语翻译常见问题

一、英语口译中常见问题及对策分析

（一）英语口译中常见的错误

1. 语音错误

英语口译过程中语音上的失误通常比较多见，一方面，由语音环境导致；另一方面，语音自身的准确性也因方言问题而大打折扣，常常发生因语音不准所引起的口译失误，从而导致所传递的含义不够准确。

2. 无法区分专业词义和普通词义

在翻译中通常有一些词汇具有多种意义，甚至会出现一些新意义。例如，We unable to honor their external debts 中的 honor 这个词是"偿还"之意，但一般译法时该词意为"尊敬"的意思，在协商谈判时往往有人把它译作"授权"或"致敬"之类的不带有商务谈判意义的词，就会造成在协商谈判时双方在某个环节产生误解。

3. 词义判断失误

在进行翻译时极易出现词义判断失误的情况，主要是由于口译者本身对词语把握不到位造成的。为了更好地进行英语翻译，口译者需要积累一定数量的英语词汇，而许多英语词汇都有多重含义，需经过长期积累翻译方面的经验才能有准确识别的能力。英语单词常出现一词多义和同词歧义等现象，口译时需要结合现场条件灵活判断。比如，Our brands under the wings of foreign companies usually have the advantage of plumper marketing budgets and better access to management expertise 译为：我们的品牌需要借助外国公司的力量，来降低营销预算，更方便地获取管理知识。本例句主要是理解"plump"一词，该词用作动词时，具有"猛

跌"之意，但如果按照这一语境去细究，我们可以发现若如此译实际上是自相矛盾的。从句子结构来看，"plumper"在句中可以充当主语和宾语。从语义方面来说，"plumper"也具有这种用法，并且意义比较广泛。"plumper"一词为"plump"形容词形式，具有"充裕、丰富"之意，若对词义的理解程度不够，则易使翻译失误而给谈判带来麻烦。

（二）针对英语口译中常见错误的对策分析

1. 排除语际的干扰

语言所处环境会对口译效果造成直接影响，针对语音中存在的问题，翻译人员要不断地丰富自己的知识，在英语语境中持续地练习口语翻译，并通过相关英语电影等来对比分析母语与英语语音之间的区别，促进自身英语文化思维发展，避免出现语音错误，保证自身口译语音精准性发展。

2. 语气弱化法

在用英语进行沟通的情境下，虽需充分表达自己的意见和立场，但应兼顾语气的运用，需展现为对方着想和尊重对方的情感，切忌用强硬否定式的口气，需营造平等和谐的谈判氛围并充分考虑谈判协商时的环境，这样才能达到双方合作愉快的目标。比如，According to our records, you have not yet supplied your equipment to us on 15 January and 11 May this year 译为：根据我们公司的存档情况，贵方还没有向我方提供今年1月15日和5月11日订购的设备货物。从这句话的翻译中可以明显看出，翻译人员营造和谐的谈判氛围，由于所用语句中According to our records的缘故，避免了在协商谈判中使用强硬口气，从而使提问的口气更加舒缓，以免谈判双方出现尴尬的情况。

3. 使用"温和性"的动词

在活动翻译中，如果使用一些温和性的词语，会避免在谈判过程中产生较尖锐的矛盾。比如，We wish we could lower our prices but unfortunately we can not do so（我们也希望能够降低价格，但是很遗憾我们确实没办法做到）。

4. 多使用第二人称

在协商谈判过程中，西方商人一般用语言来表达体贴入微、考虑周全等含义，他们在实际谈判时往往用第二人称"您"，而不是以自我为中心强调"我"和"我们"这种第一人称,这一形式可以促使双方营造融洽的谈判气氛。比如在将关于赔偿的问题进行翻译的时候,就需要多强调对方可得利益。例如,You can obtain the refunds if the goods you return have remained clean and usable(如果您退回的货物是干净可用的,那么您就可以获得退款)。关于赔偿需要在对方立场进行表达,促进谈判结果的达成。

5. 拓展口译员的专业素养及其技巧性

一名称职的译员就是一个灵活多变的语言转换器,其工作要求非常严格,必须要有较好的听力技能与口语习惯,所以翻译人员可以通过录音来不断地分析、比较自己日常生活中的发音与表达习惯。只有这样才能确保翻译质量得到提升,进而为企业带来更多利润,实现双赢的局面。在开始协商谈判之前,翻译人员要对有关商务词汇有充分的准备,在进行协商谈判时,要通过正面的心理暗示使自己不要胆怯,以有良好的专业素质与态度去对待谈判双方。

二、英语笔译中常见问题及对策分析

(一)英语笔译中常见问题

1. 语言逻辑存在错误

英语文章中的长句非常多,一个句子可能包含着若干复杂的从句,而且存在许多需要关联在一起翻译的长语段,这是翻译人员在笔译任务中经常会遇到的问题,而他们在尝试笔译此类句子时,则往往会先从头到尾阅读,厘清整个句子的主语、主谓结构、逻辑关系,但是这并不代表他们一定能有效地厘清整个句子的逻辑和含义,其原因可能在于词意理解不当或不理解语境。还有一点,在将英语句子翻译成汉语句子时,按照汉语的语言习惯,往往要把主语从句和定语从句整合在一起,形成一个完整的句子,然而翻译人员并不一定能在整合连接的过程中真正掌握原本句子所包含的逻辑关系,也不一定能将句子中的主语明显地区分出来,导致出现笔译不准确的现象。翻译人员并不是在每一次笔译过程中都能精准地了解英语语句的内在逻辑关系,而仅仅是将其字面内容生硬地嵌入汉语语句的结构。尽管我们可以认为英语语言逻辑和汉语语言逻辑之间存在一定的相通之处,但是仍然有许多无法直译的内容。比如,英语中经常出现一词多义的现象,有时即使是同一个词，词性也不一致，既可能是副词，又可能是介词。因此，翻译人员要想完成高质量的笔译工作，就必须充分认识到英语语系间存在的差异，语句的差异会使句子的具体含义产生许多区别。假如翻译人员没有充分认识到或重视此类问题，就有可能在笔译中犯下非常低级的错误。

2. 笔译方法单一

直译是翻译人员在英语笔译中最常使用的方法，在读到一个句子时直接翻译它的字面含义，但是这种翻译方法不适用于所有的语境和文章。翻译人员在笔译中容易犯下许多错误，笔译得出的结果也不通顺，让人非常难以理解。比如，我国有俗语"强中自有强中手"。在我们看来，这句话的语法和含义都相当简单，但它并不是那么容易被直译成英语的，假如没有加以解释，这句话就很可能按照约定俗成的说法翻译为"Diamond cuts diamond"。外国人在看到这种翻译时很难清楚地理解其内在含义，从而按照自身的文化环境将其直接理解为"用钻石切割钻石"。在这种情况下，我们可以发现，如果生硬地套用类比的翻译方法，则翻译出来的句子不仅中国人很难理解，外国人也不甚明了。假如翻译人员没有搞清词语或成语在具体语境中的含义或适用场合，就直接将其套用以翻译，必然会出现失误，只有先理解双方语言的文化环境，并通过笔译的笔触来尽可能地消弭文化环境之间原本存在的差异，才有可能在翻译过程中将笔译失误的可能降到最低。

需要指出的是，直译法并非没有优点，它是最忠于原文的翻译方法之一，能够在最大限度地还原原文语句的内容和含义，是翻译中较为常见的翻译模式。此外，由于这种方法是按照原文的字面含义直接进行翻译，所以相比其他的翻译方法，直译法更加简单快捷，但也正是因为这种简单粗暴的作风，直译法得到的翻译结果非常容易出现错误或难以理解的内容。因为在这种情况下，翻译者只关心句子和词语的字面含义，没有过多地考虑具体语境和词语的深层含义，所以翻译出来的句子语法拗口、逻辑生硬，更不用说还原原文中的具体隐喻词汇的含义了，这样不可能使读者领会原文的深刻内涵和精妙之处。因此，翻译者必须在翻译之前做好文化准备工作，深入分析复杂句的内层含义，并将句子放在具体的语境进行分析和理解，从而得出更加深刻的翻译结果。

3. 缺乏上下文衔接

翻译人员在翻译任何种类和文体的文章时都应当关注和调整文章的上下文过渡、通顺文体，然而，这并不是一个能够轻易实现的目的，有些笔译工作人员在尝试对译文的上下文过渡进行润色时，可能会遇到各种各样的困难，比如措辞不当、内容流失、原文语义的扭曲等，这些都会影响笔译的质量，使最终得到的译文效果不甚理想。笔译工作人员在阅读各种英语文章时会读到许多句式冗长、结构复杂的句子，很难马上理解其含义和结构，所以就难以在这种情况下继续翻译下去。针对类似的现象，应当考虑句子所属部分的上下文的逻辑关系，文章中的每一个句子彼此之间都存在一定的联系，并没有哪个句子是独立存在的。假如翻译工作者没有将联系上下文翻译的整体性思维带入英语翻译工作，那么其翻译出的成果就会显得缺乏逻辑、连接生硬，不符合优秀译文的标准。因此，在翻译英语文章的过程中，应当将难以理解的单词和语句放在全文营造的语言环境中，尝试使其与上下文通畅流利地连接，这样才能使得翻译出的句子符合原文逻辑，全文思维清晰、行文流畅。

（二）英语笔译问题解决策略

1. 采用模糊翻译法

世界上任何一个民族或国家的语言都有自身特殊的优势以及缺陷，每种语言的使用习惯各不相同，都具有强烈的民族和地方特色，这一点是笔译工作人员在进行翻译时必须关注并予以还原的。任何有一定语言知识的人都能认识到英语和汉语之间存在着各个方面的区别，比如说，英语语句往往包含大量的从句结构和修饰成分，长句很常见，但是汉语语句就不会使用太多修饰性的短和从句，否则会使得整个句子显得累赘冗长，假如翻译人员在翻译时单纯为了还原原文而在译文中加入许多不符合汉语习惯的词语，就会让整篇文章的表达显得非常啰唆，表情达意不够简洁，然而英语就完全不一样，很多英语句子都会在句尾加上一些对句意并没有关键影响的词句。因此，有一些翻译者很难理解这些词语中所包含的英语语言习惯，尝试翻译时也会因为始终被汉语思维约束而不知该从何下手，努力把文章中出现的每一个词语都翻译成对应的汉语，然而这样逐字逐句的翻译方法并不符合翻译的流畅性和可读性要求，最终译出来的文章会让读者不知所云。

要想解决类似的翻译问题，翻译者应当对英汉两种语言的语言习惯都有比较深入全面的掌握，并具备在英语思维和汉语思维之间灵活转换的语言能力，在翻译时先对英文原文的内涵有大致的了解，理解并区分中文和英文之间存在的用语习惯差距，明晰汉语和英语的语法区别，在不影响文章整体表达的情况下可以尝试着采用模糊句意的翻译方法，如果文章中存在累赘冗长的语句，就可以不在与之对应的译文上花费太多笔墨，将其一笔带过，这样会更加切合汉语语言的表达习惯，使得翻译的句子读起来更加通畅。

2. 选用意译翻译方法

意译翻译方法的内涵在于把握所翻译句子的深层次内涵，翻译人员并不需要过于重视语句的字面表达和语法结构，而只需要还原原文语句所传达的核心精髓。这种翻译方法并不会在原文和译文的语句形式上花费太多笔墨，而是只需要考虑最为合适简洁的翻译风格，按照目标语言的语言习惯适当调整原文中的措辞方式和句子结构，使得最终翻译出来的文章更加流畅易读。因此，不管笔译工作人员面对的是什么风格或题材的文章，要想最终呈现理想的翻译效果，就要做到对症下药，采用更有针对性的翻译策略，让翻译的语言显得灵活巧妙，富于语言技巧，这就要求笔译工作人员全面提升自己的语言功底和措辞能力。只有真正具备了扎实的文字基础和语言素质，才能够利用意译法在翻译时取得理想的译文表达效果，并在面对各种文体和风格时——特别是在处理一些俗语、成语或比较抽象的古诗词时——都能灵活地运用不同的翻译技巧。假如笔译工作者无法掌握意译法，难以还原文章的核心思想，则其翻译的结果也就不能让读者完全理解。

第二章　英语翻译教学概述

本章主要简述英语翻译教学概述，从英汉语言对比分析与翻译、英语翻译教学的影响因素、翻译在英语教学中的作用和英语翻译教学法中的关系处理四个方面展开论述。

第一节　英汉语言对比分析与翻译

一、从语句对比英汉翻译

（1）意合与形合

"意合"与"形合"是汉语和英语两种语言中最明显的区别之一。在这两者中，"意合"是指句子主要由其内在的语境逻辑关系支撑起来，表达核心为意义上的联系，如果能使语言的接收者准确地理解话语的意义，那么表达的目的就达到了。在汉语中从属关系的表达方式比较简单，仅仅依据时间顺序和内在逻辑进行排列，不需要借助过多的连接词来实现。所以我们说，汉语是一种注重"意合"的语言。英语重形合。"形合"就更加重视语言本身的语法规则，比如，英语句子就非常看重词句在形式上的联系，并且有整体和细节方面的形式硬性要求。英语会利用许多连接词来表现从属关系，比如 that，whether，since，however，as，before long，as a result 等。

例如，"曾经沧海难为水，除却巫山不是云"这句诗的逻辑中存在因果关系，但从汉语语法来看，它并没有采用表示"因为……所以……""如果……就……"的连接词。如果将这句诗译成英语，就需要用到表示"因为"或"如果"的连词。"Because I have seen the vastness of the sea with my own eyes, I do not think that other waters can be called waters. If you have admired the magnificent sea of clouds in Wushan Mountain, you will not be able to see other cloud scenes."

再比如，"If you don't do it, I won't do it either."在英语表达中，不仅可以使用连词，还能够调整表示先决条件的从句的位置，将其置于主句之后，使句子结构一样成立；在将这句话译成汉语时，可以省略表示"如果"的关联词"if"，但这样一来，就不能随便调整表示先决条件的从句的位置，必须将其放在主句之前，即"你不动手，我也不动手"。

以"He turned and walked straight toward me, holding out a hand to pull me up"这个句子为例，本句主要强调主动词 turned 和 walked，而分词短语 holding out a hand 表示事情的结果，不定式 to pull me up 表示目的，此处不同形式的动词使整个句子的表述和结构更加严谨，体现出清晰的主次关系。但是这种词形的变化在汉语中是并不存在的，因此，在把这句话译成汉语时，只能遵循动作发生的时间顺序逐一介绍："他转过身，径直向我走来，伸出一只手，想要把我拉起来。"

我们再来看这个例子："The boy, who was laughing as if he couldn't stop, said, when I asked him, that he had just seen the absurdity, because it was ridiculous that so many people were discussing it with great fanfare for a trivial matter."虽然这句话很长，但其主句只包括"The boy...said..."这三个单词，其余成分是五个从句，分别由 who, as if, when, that, because 引导，穿插在主句之中。要将这句话译为汉语，就应当采用短句的形式，并且按照时间顺序和因果关系来排列组合，因此该句可译为："那少年笑得就好像停不下来了似的，我问他的时候，他回答说他刚才目睹了荒诞的一幕，那么多人为了一件微不足道的小事大张旗鼓地讨论，实在太可笑了。"

（2）从大到小，从小到大

在汉语的句式和逻辑结构中，对事物的说明一般按照先大后小、先特殊后普遍、先整体后局部的顺序来排列。英语则不然，会采用相反的逻辑顺序，也就是先小后大、先普遍再特殊、先个体再整体。

举例说明：两种语言所用的地址表达方式不同，汉语的表达是"西安工业大学北方信息工程学院的地址是中国陕西省西安市高陵区鹿祥路1235号",地点由大到小排列;英文的表达则是 "The address of North Information Engineering College of Xi'an University of Technology is 1235 Luxiang Road, Gaoling District, Xi'an, Shaanxi, China",地点由小到大依次排列。

如果句子中含有多项定语,那么不同语言的定语位置安排也不一样。例如,"Mumbai is one of the busiest cities in the world."英文的排列顺序是从 city 到 world,也就是"先小后大";如果把这个句子翻译成汉语,按照中国人的语言习惯,应该为"孟买是世界上最繁忙的城市之一"。从"世界"到"城市",也就是"先大后小"。

(3)已知与未知

中国人的语言习惯是从已知到未知,英语母语者则习惯从未知到已知叙述内容。

以两种语言注重的特殊疑问句为例,汉语和英语各自的特殊疑问句中主语和疑问词的顺序完全是颠倒的。中国人一般说:"你在想什么?"这句话的含义中,"已知"的成分是主语"你",并且被放在整个句子的最前面;"未知"的是"想"的内容,用来对其进行指代的疑问词放在句末;英语的一般表达是:"What are you thinking?"这句话将表示未知内容的疑问词放在句首,并将表示已知内容的主语放在句末。

我们再来看两种语言中的强调句,汉语的强调句一般采用"前提(已知部分)+是+强调部分(未知)"的句式,如"这种事连小孩儿都知道呀"。英语中最常见的强调句通常采用"It is was+ 强调部分(未知)+who that+ 前提(已知部分)"结构,如"It is ignorant and immoral those in power that do not take responsibility"译成汉语是"权重者不担负责任即是无知无德"。

再比如,汉语中的表达是"这次能够取得这个奖项,我感到无比激动"。本句首先给出的是已知的信息,之后才是主观感受;在英文中的表达方式则不然,"I am very excited to win this award this time"先阐明自己的态度和感受,之后再进行叙事,说明感受的由来。与此同理,表示起因、由来、目的的状语短语或从句在英语语句中如果不是表示强调,往往都会后置。在汉语中,排列顺序通常都是先因后果，除非特意强调结果，因为按照时间顺序，"因"是听众先知的，"果"是听众后知的。

（4）主动与被动

在英语表达中，主语与谓语动词的关系决定了语态是主动还是被动。如果句子中的主语是谓语动词的发出者，那么这个句子就是主动语态，反之就是被动语态，所以英语语句都会非常直观地反映主语是主动身份还是被动身份。汉语则不然，虽然同样存在一系列作为被动标志的词（如"被、为、给、叫、让、受、挨"等），但如果句子的主语是其后面的谓语动词的承受者，那么就不一定会使用"被"等表示被动承受的字词。这就是所谓的"无标志受事主语句"。

举例说明，"This phenomenon is under analysis"是一个英语中的被动语态，用汉语来表达是"这一现象正在分析之中"，一般不说"这一现象正在被分析"，表示被动标志的"被"被省去了。

又比如，"大家的工作热情受到极大打击"这句话的汉语表达中出现了作为被动标志的字"受"，在译成英语时当然要用到被动语态，译为"Everyone's enthusiasm for work was greatly hit"。

（5）人称与物称

古汉语第三人称代词"之"不能作主语，当需要第三人称作主语时，或重复前句名词，或干脆省略，所以古汉语中主语省略就比较多。如《扁鹊见蔡桓公》中的名言："疾在腠里，汤熨之所及也；在肌肤，针石之所及也；在肠胃，火齐之所及也。"[①]后两个句子都省略了主语"病"，但如果将这个句子翻译成英语，就不能省略代词（"之"）了："If the disease occurs on the skin, it can be cured by hot water pressing; If it occurs in the muscle, it can be cured by acupuncture; If it occurs in the intestines and stomach, it can be treated with irritating decoction."

汉语中的无主语句子非常常见，即使有些句子本来有主语，也可能会将"人"作为主语；英语则不同，句子即使有主语，也经常把非人称作为主语，有时还会将客观事物或抽象观念作为主语。

例如，在《西游记》第六十八回中有这样的对话："三藏道：'我自幼为僧，

---

① 何让. 中学语文修辞格[M]. 广州：广东教育出版社，1991:95.

千经万典皆通,(你)怎么说我不识字?'行者道:'(你)既识字,怎么那城头上杏黄旗,明书三个大字,就不认得,(你)却问是甚去处,何也?'"第六十九回中,孙悟空要为国王配药,这时宫中传旨,要将唐僧留在殿上,唐僧听闻,说了以下这段话:"徒弟呵,(他们)此意是留我做当头哩。(你)若医得好,欢喜起送;(你)若医不好,我命休矣。"中国人读这写话当然不难理解,虽然这里省略了几个主语,但在译成英语时,就不能随便省略,以上三段对话试译如下:"I have been a monk since I was a child. I have read countless scriptures and ancient books. Why do you say I can't read?" "Since you can read, why don't you know the three big characters clearly written on the yellow flag on the city head over there, and ask where it is?" "My student, they are going to take me hostage. If your treatment is effective, they will treat you ceremoniously; If the treatment doesn't work well, I'm doomed."

再比如,中国人在表达天气潮湿时会说:"真潮。"类似的表达在汉语里可以不用主语,这样句子既可以表示"天气潮湿",也可以表示"人觉得潮";如果译成英语,一般会用"It is so wet"。我们知道,英语表达在描述自然现象时,往往不会直接把"天气""环境"作为主语,而是用代词"it"来当主语,这是因为他们认为"潮湿"之类的感受不是人为造成的,而是非人称客观主体"it"产生的。

(6)谓语动词的使用

汉语句子在表达中一般可以省略谓语动词,因为没有这个成分句子依然说得通。但是在英语句子中,动词必定伴随着谓语出现,这样的动词就是"谓语动词"。

举例说明,"It is so wet today"译成汉语就是"今天很潮"。在英文表达中,谓语动词"is"是不能省略的,否则就会造成句式残缺;汉语的表达就可以省略"是",如果加上了谓语动词,反而读起来比较别扭。

再比如,"研发部和公关部分别在两个办公楼",汉语表达可以不用谓语动词"是";如果把这个句子译成英语,就是"The R&D Department and the PR Department are located in two separate office buildings"。按照英语语法,介词短语无法充当谓语,因此这时必须保留谓语"are"。

(7)物主代词和冠词的使用

按照中国人的语言习惯,汉语中不经常出现物主代词,但是在英语的惯例表达中，说话人往往非常强调物主关系，因此也经常使用物主代词，通常会将物主代词或冠词放在名词前面，用以明确反映事物的从属关系。

举例说明，"不要用手揉眼睛"，汉语表达没有使用物主代词，因为默认上下文的表达中已经存在关于从属关系的暗示，主客体互融。这句话如果翻译成英语应该是"Don't rub your eyes with your hands"。这里就没有省略物主代词"your"，由此可见，英语母语者往往具有比较强烈的主体意识。

二、英汉语言对比翻译实践

（一）知识内涵特色对比翻译

要想流畅且准确地翻译一门语言，必须掌握其背后蕴含的相关文化。假如译者在进行翻译工作时对各个民族和国家的文化民俗没有足够的了解，就会在翻译中遇到许多困难和阻碍。汉语和英语都是具有悠久历史的古老语言，其各自的使用民族都在千百年的演变历程中改变着语言的方方面面，并且由生活经验和文化交流总结、积累和创造了许多独有的表达方式和语言习惯，有些语言中的词语或成语带有非常鲜明的本民族色彩和地方特征，语言学者们要尤其注意类似的现象，因为它们无一不蕴含着深刻的文化内涵和民族特色，其所传达的往往是某一文化地域所独有的思维、事物或现象。此外，这些词语因具有独特性，在表达形式和具体内涵上都很难从其他的任何语言中找到或创造能够完全契合的表达方法。翻译工作者只能在英译汉的实践中详细地查询和了解翻译对象所涉及的文学典故、历史起源和学术背景，尽可能地消减或淡化译文中由文化差异引起的晦涩难懂的现象。

我们这里以 19 世纪英国作家狄更斯的小说《雾都孤儿》中的一段对话为例：

——"Barkers for me Barney."said Toby Crackpit.

——"Here they are,"replied Barney, producing a pair of pistols...

——"The persuaders?"

——"I've got em,"replied Sikes.

——"Crape, keys, centre-bits, darkies—nothing forgotten?"

在这段对话中，barker 和 persuader 是译者比较难以理解的两个词语。事实上，这是当时英国的俚语。Barker 的本意应该是"发出巨大声音（的东西），吠叫的动物"，在俚语中被用来指代"会发出枪响的"手枪；persuader 的本意为"游说者，劝服人"，具有"胁迫他人服从（的东西）"的引申意，而在此处被小偷们用来指代匕首。类似的俚语都具有很强的地方特征，其应用范围也并不广泛，如果译者对英国的本土文化没有足够深入的了解，恐怕很难理解类似词汇的含义。另外，即使译者明白了这些词的含义，也很难在译文中还原与原文语言情感和表达风格类似的效果。

（二）地域和文化对比翻译

不同语言的使用者所居住的地域、周边的自然条件和地理环境都会影响到语言的特征，这一文化现象就是人们所说的"地域文化"，它受到各种因素的影响，具体表现就是不同地区的人民对同一种事物、状态或情况的表达方式都不同，可能用不同的对象作为比喻或指代。比如，在汉语语境中，人们在形容事情顺利圆满地完成或局势明朗时，一般用"马到成功""拨开云雾见太阳"来形容，但是类似的含义在英语中一般用 come up like roses 来表达。我国社会的主体文明自古以来就是农耕文明，千百年间，普通民众都依赖土地和江河生存，并开展各种以农业耕作为基础的生产活动。所以，中国人对土地有着极其深切的感情，许多汉语词汇和成语都包含"土"以及与之有关的意象，如"不习水土""离乡别土""普天之下，莫非王土"等。实际上这些词语的含义已经不局限于"土地"本身，如果在翻译成英语时完全保留字面意思，原封不动地将"土"的意象放进译文里，就很难让外国人理解其中的深意。

又比如，中国人在形容"脱离世俗的美好理想"时，会用"世外桃源""桃源乡"来比喻，这一典故出自诗人陶渊明的名篇《桃花源记》，寄托着中国人对远离战火、自给自足的平淡美好生活的渴望。这个典故如果直译出来，则很难让既不了解陶渊明的著作，又不熟悉我国语言环境的西方人领会其含义。西方人在形容同样的意象时，会使用"xanadu"这个词语，一般认为这个词来自元朝的首都"上都"（后改称"夏都"），为什么西方人会用元都来形容"美好的处所"呢？

因为在《马可·波罗游记》中,"上都"被形容得极其宏伟壮丽,恰如人间仙境,而此书在西方可谓家喻户晓,连英国诗人柯勒律治在阅读《马可·波罗游记》之后都对上都极尽赞美,"xanadu"一词也逐渐成为一个文化典故,比喻"乐园""仙境""世外桃源"。然而,假如不加以解释,这层含义和其背后的渊源恐怕也少有中国人能够理解。

(三)不同思维模式对比翻译

人们受到所在国家和民族的历史传承以及文化积淀的影响,其使用的语言必定带有强烈的本民族、本国、本地域的心理遗传色彩,这种遗传会因民族、国别、地域等区别而对翻译产生十分显著的影响。英语中就存在许多与汉语的习惯和思维完全不同的成语俗语和固定搭配,翻译工作者在翻译这些内容时,必须怀着求同存异的文化心理,从其文化根源去理解其含义,并用灵活的手法来翻译。约定俗成的用语是英语翻译的一大难点,但也是所有翻译人员不可不突破的障碍。

例如,在中国人心目中,兔子是胆小温驯的动物。但是英语俗语"be mad as a march hare"则是用来形容人野性大发、极度疯癫。英语中之所以有这样的说法,是因为野兔在三月份进入繁殖期,会表现出一系列激动无常的行为。龙在中国人心目中是神圣和威严的象征,有"龙腾虎跃""龙马精神"的说法,但西方人将其视为危险和凶恶的象征,如"chase the dragon"是"服食毒品"的意思,"sow dragon's teeth"表示"惹是生非",汉语中的"母老虎",在英语中对应的表达就变成了"dragon lady",这些文化差异和文化隔阂都是翻译工作者在实践中必须结合实际来考量和推敲的。

第二节 英语翻译教学的影响因素

一、教师因素

(一)英语教师的特质

英语教师这一群体所拥有的特有性质和品质就是英语教师的特质,这种特质并不仅仅包括一般教师所拥有的岗位标准和职业素质，更包括了只有教授英语的教师所必须具备的岗位标准和职业素质。有国外学者认为英语教师的特质包括两部分：第一部分是一些基础性特征，如教师的性别、年龄、所接受的教育和培训、个人的生活经历和品质等；另一部分指的是专业特质，如教师同英语语言有关的个人背景和英语的应用经历、英语教师的专业岗位培训、英语授课经验、英语教师需要掌握的英语语言学理论以及教学理论假设。第一部分的特质是一般教师的特质，比较广泛，是任何教师都具备的，只不过斯特恩把它列入语言教授范畴，而教学中是在语言教授下的一种语言教学模式。第二部分特质则在于英语教师特有的能力和品质，可以被视为一种"特征"，之所以这样说，是因为英语教师在进行授课活动时，会无法避免地讲解所教语言的文化背景和语言习惯，这些内容承载着一个民族和国家的历史文化。这种能力之所以被视为英语教师的特质，是因为英语教师在上岗之前会接受一系列专业性的培训，积累足够的英语教学经验，掌握专门的英语教学理论。专业培训对于所有的英语教师来说都是步入英语教学界从事教学的通行证，没有经过专业培训严格来讲是不能成为英语教师的。教师应该掌握一定的英语教学理论假设的相关知识，但是我国教师在这一方面仍有一些欠缺。造成这种现象的主要原因有以下几点：首先，一些教师并不能区分理论、假设、学说的不同之处，经常用理论来代替假说；其次，英语在我国普及时间较短，不过几十年的时间，因此，我国缺乏对英语教师的英语教学理论培训，导致教师缺少这方面的修养。此外，我国中小学英语教师的学历有一部分还没有达到硕士的水平，因此对英语教学理论没有进行充分的了解。我们要想提高英语教学水平和英语教学质量，就必须重视对英语教师特质的培养。

根据引证和分析，在讨论英语教师特质时应首先分清哪些是一般教师的特质、哪些是英语教师的特质，其次再论述其与英语教授过程的相关性以及社会环境对英语教师特质的影响和要求。

先探讨一下教师的一般特质，斯特恩讲的教师的四个特质的前两项是自然状况，因为年龄和性别是不可改变的事实，对教授有一定影响。一个刚开始教学的青年教师一般不会比有过20年教龄的老教师教得更出色。目前，在我国教师行业中，男女教师的比例出现了严重失调，女教师要明显比男教师的数量多。为改变这种状况，应调整男女教师的比例。人们受教育的程度受社会教育水平的制约，因此，全国不同地区对教师受教育程度的要求并不相同。我们必须明白，英语教师受教育的程度和个人的特质会在很大程度上影响英语教学水平和质量，教师身上好的品质和坏的品质都会在教学过程中对学生产生一定影响。因此，教师必须具备基本的思想、文化和能力方面的特质，并且接受过较高程度的系统教育。由此可以看出，培养合格的教师不是件容易的事。

再研究一下英语教师的特质。英语教师在正式上岗之前应当拥有以下四个方面的品质：第一，应当具备充足的英语知识积累，能够自如地解答学生的问题；第二，应当接受专业的教师培训，通过国家规定的教师能力审核；第三，应当具有一定的教学经验，在上岗之前进行教学训练；第四，应全方位发展，不仅要具备足够的英语语言学水平，还要掌握系统性的教学理论，了解各种主流语言学说和假设，全面提升自身作为语言工作者的水平。因此，我国应加强语言教学理论和英语教学理论的普及和研究，这是提高英语教学质量的依据和动力。

在教学过程中，教师所具有的特质会对教学的质量和效果产生影响。斯特恩提出的教师第二部分的特质（教师的特有品质）会对学生的英语学习形成更加直接的影响，不仅会影响学生英语学习的效率，还会影响学生英语学习的最终效果。此外，教师的年龄和性别也会对学生的英语学习产生一定的影响。一位真正优秀的英语教师，必须具备扎实的学科知识、文化素养以及相应的教学能力，这样才能保证课堂教学的质量和效果，使学生能够更好地学习英语。同时，教师还要具备足够的耐心和专注力，用心对待英语教学，不能在进行英语教学时一心二用，或者采取不认真的态度对待英语教学，这样是对学生的不负责。

（二）英语教授过程

英语教授过程是英语教学过程的一个重要组成部分，是英语输入的主要来源。我国一般不把教授过程和学习过程分开，把它们都当作英语教学过程。这种做法的优点是将教和学融为一体，让英语教师易于操作；其不足是教和学不分，有的教学过程实际是英语学习过程，有的教学过程实际只是教授的过程。本书则主张双边和统一的英语教学过程。为了更好地研究英语教学的过程，首先要研究英语教授的过程。

英语教授过程的专门研究在我国并不多见。虽然我国非常注重教授的重要性，但单项论述教授过程的很少，这是因为只管教、不管学的教学极少存在。教授的过程从时间顺序上分析可分为三个阶段：一是备课阶段，二是讲授阶段，三是让学生内化阶段。

备课阶段是每一个英语教师在开始课堂英语授课任务之前都必须做好的准备，其中包括掌握教材、熟悉学生名单、安排授课计划、构思学生课堂活动、筹集教授用具等内容。然而，不同阶段的教师所面临的备课要求是不同的。从教材角度来讲，中小学的英语教材是固定的，教师不能对教材进行改变，但是大学英语教师可以根据教学大纲的要求来对教材中某些内容进行选用和删除。高校对于英语专业和非英语专业的学生具有不同的培养目标，所以对教师提出的备课要求也各不相同。

讲授阶段是英语教师在课堂上教授学生英语知识、英语技能，从而培养学生英语交际能力的过程。这个阶段的术语有许多，比如介绍、讲解、举例、分析、创新等。许多国家的教授方法大多是将听、说、读、写放在一起训练。从讲授过程来看，我国传统的过程也是如此，从复习到新授到练习，最后再到投入实践。从本质上来说，交际就是让学生围绕着某一特定的专题主动展开对话的过程。在遇到无法理解的内容时，学生既可以向教师寻求帮助，也可以自己通过各种媒介查找资料，还可以参考其他同学的学习和分析思路，总之要有主动学习的观念。

学生内化阶段指教师讲授完新的内容后，学生消化和理解所学内容，并且将其投入应用实践，做到活学活用，让自己的交际能力得到提升，交际活动得到拓展。也就是说，在教师给出了输入信息之后，学生要进行"大脑操作"这一实践，进行理解所学知识、举一反三、巩固练习、实践活动等学习内容。比如，教师讲解完英语语法知识之后，就可以让学生根据语法举出相对应的例句；教师在分析完英语语音要点之后，可以让学生按照所学发音规则模仿和练习发音，学生"进行消化理解"的内涵就在于此类实践。不管是听、说、读、写、译中的哪一项，都不是仅仅明白其中的原理和法则就可以流利开展的，必须经过长期的练习和实践才能奠定知识基础，让学生养成即学即用的良好习惯，并在实际的交际活动逐渐熟悉和掌握这五种语言技能。

教授过程从内容上看，可分为教授知识、教授技能和教授能力。把教授知识、教授技能和教授能力作为目标的教授过程是不同的。如果把教授技能作为教授目标，实际上是把知识作为手段；如果把能力作为教授目标，那么知识和技能便是手段。教授过程的操作与实施与英语教学理论、英语教学目标、社会环境和教学条件有关。

（三）与英语学生的关系

英语教师与英语学生的关系一般称为师生关系。其实，师生之间的关系在英语教学中还蕴含着三种不同的关系：代替关系、对立关系和服务关系。所谓代替关系指以教代学或以学代教的关系，用教师代替学生，以学生代替教师的关系。所谓对立关系指"以教师为中心"或"以学生为中心"所产生的师生对立的关系。所谓服务关系是在认清教学的本质后，明确教师的作用是为学生服务，两者之间是为了一个共同目的进行学习或者教学的师生关系。

代替关系是社会对教学和教师与学生关系的不同观念和认知而导致的两个极端做法。传统的教学方法认为语言是一套自洽的系统，教师是知识的源泉，学生只能向教师学习，教师在课堂上教授知识，教授完了知识，学生也就完成了学习。俗话所说的"师傅领进门，修行在个人"就是这种观念的生动写照。西方社会则认为教师解决不了学生的学习问题，因为语言的学习是习得的，不是教出来的。结果有些外国学者又走进了另一个极端，"以学生为中心"，一切让学生自己去做，以学生代替教师，甚至认为教师的教是多余的。这种做法虽然在批评教师代替论中起到了一定的积极作用，但把教师的作用降低到可有可无的地步，实际上是以学生代替教师的作用。

对立关系指在实行"以教师为中心"和"以学生为中心"时，由于不同社会对教师和学生的认知、期望和作用等的不同所造成的教师和学生对立的局面，所产生的师生互不满意的对立关系。外国教师来我国的课堂教授英语时，会组织学生进行课堂活动，通过活动学英语，这使一部分学生认为教师没有水平。同样，我国的出国教师到英美等国家去进修学习，认为他们组织的讨论、活动学不到知识。这些都说明由于教学观念不同而实行两个中心论所产生的师生对立关系。

服务关系指英语教师应为英语学生服务的关系。教师的教授是为了学生的学习，"教授的证据在于学习"是教师为学生服务的宗旨，也说明教与学之间的关系以及教授的本质是什么。这种教师的服务意识在我国体现得并不明显，这体现在不管教师服务意识强不强，学生照样得来校学习，中小学学生划片入学，国家制订大学招生计划。教师为学生服务不是单纯地为学生服务而服务，而主要是为学生的学习服务。教师进行讲授的目的在于服务学生，解答学生问题也是服务学生，至于安排各种校园交际活动，更是旨在为学生服务，引导学生在活动中更好地掌握知识、积累经验、提高实践技能。教师的主要作用就是帮助学生学习。教师的"主导作用"究其实质也是助学，助学也是教师为学生服务的一种形式。

二、学生因素

（一）语境意识的培养

有一种语言学观点认为，意义并非是确定的，而是模棱两可、灵活能动的。唯有遵循这种观点，我们才能真正理解语言的全部意义，因为"不确定的意义"意味着语言的意义并不是单独存在的，而是存在于词与词、句与句、句段以及整个语段篇章之间的联系之中，如果不结合具体的语言环境进行分析和考证，就很难完全理解语言的全部意义。同理可知，翻译人员在开展工作的过程中，必须整体考虑所译内容的上下文或具体语境，这样才能把握句子准确的含义，确定语段的感情和意义。此外，翻译用语的准确性和合理性也非常重要，翻译时选择的措辞不但直接决定着原文的叙述风格，而且影响着译文的还原性，准确的翻译用语可以让翻译者全面地还原原文的风格。但是，翻译人员不能随便理解具体语段中的词义，必须充分考虑文本所归属的语言环境。英语专业的学生在学习翻译技巧时往往会在理解句意和书面表达等方面出现许多错误，这些现象皆因为该学生对文本所处的具体语境没有进行准确的分析和理解，在读到生词和新词时，没有想到查找更多使用例和高频出现环境，而是单纯地查阅词典，仅仅将词典给出的释义生硬地套入句子，因此容易产生一种错误的观点，认为所有语言中词语的词义都是客观的，从字面含义去理解即可，这种观念会让学生在翻译句子和文章时不考虑语境，从字面意思入手直接翻译，所以最终给出的译文会显得十分生硬，无法还原原文的语境，并且其表达艰涩难懂，缺乏可读性。所以，英语翻译教学需要重视对学生语境意识的培养，引导学生充分认识语境的意义，要准确地翻译一个词在文章中的意义，绝不能仅仅靠查词典来实现，而是要联系上下文，将词语放在完整的语境中进行分析，这样才能完全理解它的内涵。同样的，一个词所对应的翻译表述是否得当也由语境决定，只有当这个词在译文的语境中能够同其他所有语言成分形成通顺的组合时，才表示它的使用是准确恰当的。

就翻译的实践来说，翻译人员在考虑词义时，最常采用的角度就是查询词语使用的传统场合和固定搭配，并联系词语出现语段的上下文环境。要想克服词语自身存在的不确定性，分析和筛选其蕴含的多层含义，就必须从其归属的上下文语境入手。以汉语中的"上"字为例，假如这个字单独出现，没有具体使用例和语境，那翻译人员就无从理解它的词义，但在"上前""以上""上火"这些确切的词语里，它的字义就显得比较清楚了。英语中的"set"一词是词义最多的单词，有着极其广泛多样的搭配方法，如"set up""set aside""set off""set out"等，而在将同一个单词"set"翻译成汉语时，就需要结合汉语语言习惯以及与其他词语的合理运用，并斟酌字词的使用，采取不同的词语搭配。

再来看一个一词多义的例子。

He can drive very well and he drives to work every day. 他的驾驶技术很好，每天都开车去上班。

He almost drives me crazy. 他快把我逼疯了。

Drive一词就其本身性质而言是一个标准的多义词，在这两个例句中，它的词性一看便知，词义也非常清晰，从这个例子中我们可以看出，语境在很大程度上左右着它所包含词语的词义，因此在翻译工作中，翻译人员也需要高度重视语境对词义产生的制约效果。

如果将翻译任务落实在现实生活中，则需要翻译的就不再是单纯的词句，而是一个具有内在关联性的整体文本了。所以，在谈及词义和语言环境的内在联系时，教学者和受教育者都必须对文本以及与文本有关的学习和分析予以足够的关注，这对培养学生语境意识具有重要的作用。人们在实际生活中会遇到各种复杂多变的情况，产生多种多样的想法，因此，每个人也都拥有各不相同的交流表达需求，由此产生出不尽相似的语言文本类型。德国语言学家赖斯根据语言功能理论，将语言划分为文本类别，共得出四个主要种类：表情类、操作类、信息类、视听类，这其中每一个类型的文本又会因为其体裁的区别而产生各异的划分。比如信息类文本中包含工具类书籍、商业报告等，操作类文本则包含公共演讲、广告等。按照赖斯的语言理论，翻译人员所要翻译的文本类型不同，采用的翻译手法也要有所区别。例如，信息类文本的翻译需要如实体现原文的指示性内容，因为这类文本的主旨就在于尽可能准确地传达信息，所以其译文也应当按照一定的规范化用语要求来进行清楚细致的翻译；如果要翻译的文本属于操作类，那么译文也可以进行一些适当的调整，因为与如实传递特定信息相比，这类文本更加注重呼吁和感召效果，因此其译文可以按照目标语言的语言习惯进行一定的调整，从而达到"号召性"这一目标。凡此种种，不一而足。不同的语言文化造就了各异的行文风格和多样的文本文体，这就对翻译提出了一系列细致而微妙的要求。英语专业的学生在进行翻译练习时，应当接触和分析足够多样的文本类型，从而充分了解不同类别的文本的行文风格和表达特点，体会不同语言的语言逻辑之间的异同，明确作者的写作目的和文章所要表达的思想感情与核心观点，最终掌握遵循文本类型灵活应用不同翻译方法的技巧，而非一味死板地按照"信""达""雅"的标准进行翻译，从而以更加真实并且符合目标语言习惯的方式来还原原文的文本信息。

（二）多元化理论意识的培养

要想学习翻译技巧，学生就必须得到专业性的翻译理论指导。英语专业的学生不仅要学习课程内容规定的语法知识、国家文化，定期进行足够的翻译实践，还应当在此基础上掌握一些基础性的翻译理论。之所以要学习这些理论，是因为学生必须拥有从实践层面出发的意识和能力，在翻译时能够首先在文本的性质、主旨、写作手法等方面进行系统化的理论分析和理解，以理论的观点和视角来理解翻译的基本规律，这样才能在实践中不断积累经验，提高个人翻译能力。学生在翻译过程中落实理论同实践的有机结合，不仅可以逐渐明白不同的文本应当选择什么样的翻译方法，还能理解为什么要采用这种译法，既要知其然，又要知其所以然，在掌握基本原理的基础上逐步提升翻译实践的能力和针对译作进行品评的能力。

所有事物都处在持续的发展变化当中，这些事物自然也包括现存的翻译理论，所以，如果翻译工作者希望寻求一种不受年代和环境限制，并且能够适用各种语言和文本的翻译理论或标准，那么必然不会取得真正的收获。因为如今语言学者们积累的翻译实践经验越来越多，研究语言学取得的成果也越来越广泛且深刻，所以翻译的理论也在伴随着语言学本身的发展而不断地演变和进步，其内涵越来越丰富。从多年来的翻译实践和翻译学科的演变中，我们可以看出，翻译理论一直在朝着多元开放的、综合系统的学术方向前进，以往的"中西传统译论"发展成了如今的"重神似而不重形似"的理论，此外，近年来，人们也开始追捧西方功能、目的等翻译理论。在对各式各样的翻译理论进行分析和选择时，学习者应当对这些理论的局限性和应用范围有充足的认识，明白每一种理论都有它的片面性，不能笼统地将其应用于所有语言和文本的翻译。比方说，奈达曾于1969年提出一种"功能对等理论"（也称"奈达理论"），认为翻译时不求文字表面的死板对应，而要在两种语言间达成功能上对等。在功能对等理论诞生之初，人们对其深信不疑，但随着语言学的不断发展，越来越多的争议和质疑开始围绕着这一理论出现。所以，学生在学习各种理论时，不能一味地依赖同一种单一的理论，更不能对其中的哪一种理论产生绝对的信任和依赖性，而是应秉持多元化的翻译理论和翻译思维，将东西方的语言理论进行有机结合，做到取长补短、变通扬弃。另外，在借助某一种翻译理论进行翻译实践时，也不能只采用同一种固定的尺度来判定。因为任何语言和文本的翻译所涉及的内容都不是刻板不变的，而是要应用于实际生活中，有时也可能会出现不符合书面语法规范的内容，所以在翻译时切不可死守某一特定的理论或方法，而是要以相关的理论原则为基础，灵活地应用各种不同的技巧，并在翻译文本中适当地加入自身的创造性发挥。翻译的结果应当符合原文语言和目标语言双方的语言形式和表达理解习惯，要在翻译的过程中参考不同的理论和标准，充分结合翻译的语境，并遵循多元化的原则，在各类翻译理论之间达成平衡与协调，让理论兼备启示性和实践性。

第三节 翻译在英语教学中的作用

一、助导语法理解，提升学生英语质量

在为学生讲解和分析语法时，教师一般会采取归纳法和演绎法的教学方式，这是现阶段英语学科最常见的两种语法分析模式。在这两者之中，归纳法对学生的能力提出了更高的要求，如果学生在借助归纳法学习语法的过程中没有达成最终理想的目标，就会受到自信心方面的严重打击；演绎法的开展主体多是教师，所以容易导致学生在学习过程中对教师产生较强的依赖性。这些问题的根源在于教师与学生都没有对语法的现实应用价值予以足够的重视，没有考虑语法规则和结构内在的联系。汉英互译实践则可以在一定方面对这一缺陷进行弥补。因为在进行汉英互译时，教师和学生必须对语法和语言应用的具体语境进行较为全面的分析，从而满足语言学习的实际需求。也就是说，教师需要将某一真实的文本作为教学素材，引导学生开展翻译实践，之后在翻译过程中让学生逐渐认识到其个人在理解和应用语法时出现的错误和存在的欠缺。另外，在讲解分析语法规则时，教师要仔细观察并深入分析学生的实际表现，让学生通过实际的练习来考验自身对语法的理解和掌握程度，从而践行自己作为课堂主体的关键性地位。

二、引导阅读处理，强化学生阅读水平

英语教学中的一个重要的基础环节是阅读，阅读对于提升学生的理解能力和翻译技巧来说能起到很大的帮助作用。在以往的阅读教学环节中，往往是由教师来阅读课文内容，同时对其进行翻译，导致学生独立分析和思考的时间比较少。这样一来，学生的思维就会受到教师的翻译和指导的限制，无法对通篇文本产生自己独到的理解，缺少个人独立分析语句和辨析整理整篇文本的行文方式和逻辑的机会。而在进行汉英互译时则不然：学生会从头到尾阅读文章，用自己的思维分析和解读作者的逻辑与感情，从而主动地分析文章的语言构造和用词风格，把握作者所要传递的深层次内容，在此基础之上发挥这种独立思维的指引作用，在以后的学习中能够凭借自己的理解能力去阅读更多、更复杂的文章，并且依靠个

人的思考能力来增强英语阅读理解的能力，提高阅读分析的效率。所以教师完全可以在实际的教学课堂中引导学生自主深入分析教学文章，整理归纳完整的阅读语篇，并实现一定的创新，之后让学生利用汉英互译的思维来进一步突破汉语思维对阅读理解的限制性影响，使学生站在更加直观的角度，全面掌握英语的表达方式和思维逻辑，乃至将自身的认识观念和价值观念与英语的语言思维结合在一起，使学生逐渐积累更加丰富且厚重的阅读分析经验，在阅读中越来越快且越来越准确地理解和掌握主题，全面拓宽自己的阅读视野，提升自身的阅读能力。

（一）翻译阅读的概念

翻译阅读的主要手段是将完整的篇章作为翻译的对象，在此基础之上展开对照阅读，从而提升学生的翻译水平，它是一种以阅读作为主题形式的翻译学习过程。传统的阅读学习的目的往往在于提升学生的阅读、分析和理解英语文章的能力、书面表达能力以及文学鉴赏水平，而翻译阅读与以上这些阅读形式都不同，它的直接目的主要在于让学生在阅读完篇章内容时，全面细致地观察所翻译篇章的措辞、语句、语段，并采取转换的方式，持续感受各种翻译的技巧，形成自己独特的翻译风格，然后基于这种个人感悟的持续积累，来逐渐加深自己对于翻译实践和技巧的实质性的认识，同时在重复性的对比和模仿练习中提高自己的翻译能力。

（二）开设翻译阅读课符合翻译学习的规律

翻译能力的学习和掌握是一个需要耐心和积累的漫长过程，那么它究竟应当从一种什么样的模式开始，中途要求学习者经历哪些必要的环节？这个问题值得广大语言学者和教育学者们展开分析和思考。一般来说，在过去的翻译教学中，教师会先向学生传授一些翻译方面的基础知识，在此基础之上，当学生的基础知识积累到一定程度，能够较好地理解翻译的各种原则，并且知识功底足够扎实之后，教师就会让学生尝试应用所学的翻译技巧，在实践中体会翻译的相关理论。如果想要针对某种技巧展开更有针对性的集中练习，就需要安排大量的练习题目，所以翻译教材中也会编写许多比较有代表性的句子让学生分析和参考。但是这种训练的收效并不一定足够理想，如果学生刚刚学习了有限的几项翻译技巧，那么在紧随其后的句子练习过程中还可以尝试着使用这些刚掌握的技巧来完成任务，但随着学习时间的推移和所学内容的积累，学生需要记忆和掌握的技巧也越来越多，因此，在进行一些综合性的练习或对一整篇完整的文章展开翻译时，学生会感到无从下手，不知道应该运用哪些翻译技巧，导致翻译工作出现无序化倾向。所以我们认为这种传统的教学模式事实上与翻译理论和方法学习的内在规律并不相符。真正符合记忆规律和语言规律的翻译教学应当让学生始终处于一个循序渐进、循环往复的过程之中：最开始对规律进行主观感知，随后将这种主观感知发展为认识，再将认识一步步投入实践，在实践中使自己的认识更加全面，然后将这种认识再次投入实践当中，这样就可以使自己对翻译技巧的运用不断趋于熟练，逐步深化所学的知识。在这个过程中，学生对于翻译的感知不能仅仅停留在教师对翻译知识的讲解和基于特定例句分析的技巧教学这一简单层面，而是要认识到翻译这一学科与实践之间存在不可分割的关系，要在接受翻译教学时自始至终将实践作为学习的基础，任何知识的掌握都应当从实践的角度出发，从实践中获取学习经验、归纳理论知识，之后再将总结出的经验知识投入到接下来的实践和学习过程中，由此完成一种在实践的基础之上持续反复练习、实现自我提高的过程。所以我们说，翻译阅读应当是翻译学习感知阶段的开端练习。翻译学习以翻译阅读作为开始，可以体现出以下五个方面的优势：

优势之一，翻译阅读本身就是一种具体的翻译实践模式。

优势之二，类似的翻译实践往往都以体验的形式实现，所以可以避免实践因为缺乏经验的指导而具有盲目性。

优势之三，翻译实践所包含的学习功能是双向的：它不仅能够引导学习者在自己的内心深处练习试译，还可以让学生在实践中积累经验，通过比较阅读和分析名家的翻译来汲取他人的经验、改进自身的不足，由此提高自身的翻译水平。

优势之四，翻译阅读这一学习方式的模仿性非常显著，学生能够通过模仿而受到启发，并且也可以由此对翻译产生更深刻的感悟。

优势之五，学生要打下良好的英汉双语的基本功，只有这样才能有效地开展翻译阅读。

我们都知道，翻译著作的性质和风格不同，对译者专业知识和译文行文的要求也不同，译者在翻译专业性较强的文本时需要具有扎实的翻译功底。如果要翻译文学著作，那么译者也应当有足够的文学素养，最好具有一定的文学成就；如果要翻译理工科方面的学术论文，则译者也应具备扎实的理工科知识，积累充足的专业词汇；如果要翻译一些社会学领域的文献，译者也应当有足够的人文知识和社会理论基础。但大多数学生还处在学习阶段，对各种知识的积累尚且浅薄，阅读经验和治学经验也都远远不够，所以要想真正掌握多方面的翻译技巧，就需要大量广泛地开展阅读练习，逐渐熟悉各种类型的文体，在反复的实践当中培养起所谓的"语感"，提高自身的语言感受能力。从这层意义上来说，翻译阅读的练习对学生产生的效果可谓一石二鸟，不仅能让学生学习翻译基础知识，还能够使学生同时提升对两种语言的掌握能力，让学生的语言运用水平在翻译阅读量的提升中不断得到提高，同时还可以让学生针对翻译产生更加深刻且多方面的理解。学生对翻译的体验和认知一旦积累到了足够的程度，就会逐渐产生个人的独特感悟。有了这种感悟，学生就不会止步于模仿阶段，而是会产生尝试独立进行翻译的意愿。在这一前提下，教师再让学生凭借自己的力量来翻译文本，学生的兴致会更强，翻译的质量和完成情况也会更加理想。不过，翻译能力也受到多方面指标的约束，如翻译效率和翻译还原度等。这些能力的培养和提升依然需要学生在平时的翻译训练中加以留意。

（三）翻译阅读应该与翻译实践相结合

学生在进行翻译阅读时要把握好时机，选择合适的时间进行翻译实践。就其本质而言，翻译阅读的最终目的在于培养和提升学生实际的翻译能力，因此并不能被作为全面的手段。翻译阅读主要有进行速度快、传递信息量大的优势，学习者在阅读过程中可以接受文学的熏陶，从中获取的翻译技巧有相当高的专业性和文学性，甚至能够体现出一定的艺术色彩。但翻译阅读同样具有它的缺点，那就是缺乏书面或口头性质的翻译训练。要想弥补这种不足，教师和学生可以在开展翻译阅读教学实践时适当地加入定量的实际翻译技巧落实训练。这里所说的"适当"包含时间和程度两层含义：首先，只有当学生的翻译阅读量积累到了足够的程度时，才能顺应时机，及时地开展翻译训练；其次，翻译训练不能过度，更不能喧宾夺主，必须在总量上受到限制。所以，翻译阅读和翻译训练应当是两个有机结合、相辅相成的练习手段。唯有将二者合理融合，才能让学生在翻译教学中更快地吸收知识，从而取得良好的翻译效果。

三、拓展语言视野，增进学生写作发展

就目前的英语写作教学情况来说，教师往往将教学的侧重点放在整体写作思路的规划上，没有对学生所写文章用语的表达准确度和通顺与否予以足够的重视。所以，学生在这种教学思路的引导下很难完成一篇在各种意义上都通顺的文章，会在写作中频频出现各种失误，如语法错误、词不达意等。要消除这些失误，必须借助翻译的相关理论。翻译和写作在本质上来说有着类似的语言组织和输出形式，二者都是在运用一种语言来详细地呈现另一种语言所包含和传递的理念、感情等内容，所以我们认为翻译和写作之间存在着相当紧密的联系。英语专业的学生可以从探知汉语的深层次含义出发，在写作教学中借助汉英翻译的相关理论来发掘和运用各种具有个性的英语表达形式，并依靠这类尝试逐渐在自己身上发现潜在的各种问题，相应地对写作的措辞和行文进行调整，并对其加以润色，从而让自己创作的英语文章具有更强的可读性。在这种教学尝试中，有一个需要教师注意的问题：英语写作教学并不代表着单纯批注和修改学生已经完成的文章，而是要引导学生在学习语言表述方式时逐渐发现自己文章中存在的错误，并进行相应的改正，这可以说是一个对文章加以润色的过程。学生要想拓宽自身的写作视野，就可以将汉英翻译作为辅助性的工具，这样不仅可以帮助学生纠正写作中出现的失误，还可以增加英语知识的积累量，让学生在进行英语写作时运用更加地道、流畅的表达方法。

第四节　英语翻译教学法中的关系处理

一、教学主体关系处理

（一）教学主体交往模式

1. "主—客"模式与教学交往

在传统的实践观下，人们往往会将"主—客"交往实践模式作为默认的交往模式。关于主体针对客体的认知方式和认知理念这一哲学问题，自法国哲学家笛卡尔以来的诸多近代西方哲学家们都曾作出过分析和诠释，随着哲学的不断发展，个体性主体逐渐成为一种十分重要的探究对象。但是，"主—客"模式仅仅研究了主体与客体之间存在的二元对立关系，没有关注和分析主体与客体之间开展的交往活动和由此建立的交往关系，所以，这种交往实践模式具有非常明显的限制性和不足，因此它只能被用来分析主客体之间相对静态的交往关系，而不能分析多个交往主体之间动态且复杂的交往本质。可以说，单一的主体观就是这种模式的根本性缺陷所在，它没有认识到人的社会属性，拒绝分析研究人与人之间建立的种种关系，所以也就不可能发掘主体活动和主体性建构的本质。

2. "主—主"模式与教学交往

德国哲学家埃德蒙德·胡塞尔是现象学理论的奠基人。他在学术生涯中亲眼见证了不断发展的科学对人们的现实生活和思维方式所产生的各种影响，并由此提出了"交互主体论"，并且提出了"科学世界"和"生活世界"这两个核心性概念，主张对二者加以分别。他在"交互主体论"中指出，面对瞬息万变的现代社会，人们应当回归生活的本质，并借助与他人交往来发现生活的真谛和价值，因为唯有通过这种方式，人们才能在生活的世界中实现真正生动具体的、体现"人格主义态度"的交往。[1] 在人的各种交往中发挥决定性作用的正是"交互主体性"，这种观点认为，在交往中，两个参与个体之间互为主体，彼此之间的关系是平等而民主的，二者之间是一种"主—主"关系。

可以认为，"主—主"交往实践模式已经在许多层面的意义上超出了"主—

---

[1] 埃德蒙德·胡塞尔. 逻辑研究 [M]. 上海：上海译文出版社，2006.

客"交往实践模式的范畴，同交往的本质性问题更加契合。"主—主"交往模式给予了人与人之间现实生活中的交往和沟通更多的关注，强调交往具有社会性，突出审视交往概念在社会形态理论中的意义，并拓宽了批判理论的范畴，深化了批判理论的内涵。与此同时，"主—主"交往模式理论也为批判伪科学主义和实证主义创造了新的理论视角，在特殊的新生历史条件中发挥了自身独特且深远的积极作用。然而，"主—主"交往实践模式存在忽视交往客体的地位和意义的问题，在这种模式的引领下，不同主体之间往往会因为缺少必要的、作为中介的客体而体现出过于强烈的唯心主义和相对主义色彩。实际上，教学交往并非教学的全部，而是教师用以达成教学目标的方式之一，只有真正促进了学生能力的发展才是达到了目的，如果教学主体完全舍弃客体中介而开展交往活动，就往往会将交往活动导向表面化和虚无主义的错误中。

3. "主—客—主"模式与交往教学

（1）交往实践观

"主—客—主"这一交往实践模式主要建立在交往实践观的理论基础之上，可以说是对马克思历史唯物主义交往观的传承和发扬。

马克思历史唯物主义交往观认为自然关系与社会关系之间存在一种双重关系，这种双重关系就是生命的生产表现，而且它在本质上反映了"主—客—主"的交往实践模式。如果我们深入研究马克思、恩格斯的著作，就可以归纳总结出马克思历史唯物主义交往观的发展进程。马克思在《1844年经济哲学手稿》一书中，基于经济学理论，集中关注和分析人类交往的问题，并在书中就交往这一主题进行了大量的论述。在《关于费尔巴哈的提纲》一书中，马克思将对"交往"的关注转移到了针对人的本质和人归属的各种关系的分析上，这些关系的种类多样，包括人与自然的关系、人与他人的关系、人与社会之间的关系等。这些以"关系"为主题的论述都是交往理论产生和进一步发展的基石。对于马克思、恩格斯关于人类交往的理论，《德意志意识形态》一书曾进行过整体且深入具体的阐述，该书认为这套理论可以说是马克思历史唯物主义交往观正式诞生的标志。马克思在《资本论》一书中已经明确揭示了商品交往的本质：无论是商品的价值实现还是资本的价值增值，在本质上都是对主体之间的交往关系的体现，而并非人们直观认识中的物品和物品的交往关系，交往实践的关系正是由主体之间的交往关系和物与物的交往关系共同构成和反映的。马克思在《人类学笔记》中从世界普遍交往的高度这一视角出发，全面认识和审查了东西方不同社会形态演变的历史过程。

（2）交往教学

交往实践理论对于目前社会学领域中存在的交往理论来说是一个非常有效的弥补，能对交往理论中存在的漏洞与不足进行一定的补充，从而协助解决当下社会中的很多现实问题。自人类社会诞生之初，人类就为"教育"这一问题绞尽脑汁，虽然当时的人类已经通过大量的劳动实践而获得了相当程度的交往，但这些生产劳动并不能被视作教育的本质雏形，因为真正的"教育"雏形来自人类的交往活动。根据教育的交往起源和交往行为理论的内容，我们可以发现，通过交往的思路来分析教学的方法具有十分明显的优势和价值，这也是国内外学者自发地开展了一系列的相关研究的原因。到目前为止，人们对于交往实践的研究已经发展得相当成熟，并且由此产生了独具特点的交往教学论。20世纪70年代，单独的理论流派开始出现，那就是交往教学论。但是在此之前，教育界中已经出现了很多以类似理论为指导的教育实践，同时，国内外的许多教育学家在很久之前就已经开始践行交往教学的思想了。以我国古代为例，儒家学派创始人孔子在春秋时期就已经提出了"不愤不启，不悱不发"这一教学理念，这句话的意思是教师应当在现实的教学实践里采取诱导启发的形式来开展教学，这种教学模式的典型表现就是师生之间进行的日常性沟通和对话。显然，孔子就是这一教学方法的实践者，他不仅经常同弟子进行对话和交流，还对生生之间的交流予以了高度的重视。他的名言"独学而无友，则孤陋而寡闻"就十分鲜明地体现了交往教学的思想。在古希腊时期，哲学家苏格拉底就已经将问答式的教学方法应用在了自己的教学活动中，借助师生之间的问答、辩论和对话来达到教育的目的，引导学生在一步步的思考中发现并认识真理。

交往教学所展现的惊人的渗透能力依然能够在现代教学理论中得以体现，并且还伴随着教育理念的发展而不断提高。20世纪，心理学家维果茨基就交往教学提出了一套独到的理论，他认为在校园中进行的教学活动同样可以被视作一种特殊的交往形式。至20世纪70年代，德国的教育家K.沙勒和K—H.舍费尔正式提出了交往教学理论，开创了这一教学论的专门流派，并称之为"批判—交往教学论"。交往教学理论认为教学过程也是一个交往的过程，因此，师生之间的关系必须建立在平等的交往原则之上，本着正式且友好的交流态度开展教育活动，借助教育的"交往"本质来完成预定的教学目标，从而进一步实现学生的"解放"。至20世纪80年代后半期，一种新生的"合作教育学"学派逐渐推广开来。"合作教育学"认为各个教育主体之间应当建立起沟通与合作的关系，这种关系在师生之间的表现尤为明显。到后来，建构主义教学观在教育学领域发挥了不可忽视的影响力，而这一教育观更是强调学习主体知识体系的形成必须通过动态的交往互动来实现，这些都充分体现了交往教学的内涵与教育精神。

（二）交往环境创设

此处的"环境"指的主要是与被研究主体有关的一切周边外在因素。如果有一定的群体生活在一个特定范围中，而且这个范围能够提供一系列可以对群体成员构成影响的外部条件，那么这些要素的综合就被称为"环境"。从广义层面上来说，构成教学环境的要素包括课堂环境、学校环境、学习环境等。之所以这样划定，是因为这些因素都会在一定程度上对教学效果产生影响，并发挥不同程度的制约作用。

人们在对"环境"这一概念进行研究时，所针对的对象实质上包含着同研究的主体有关的、周边的一系列因素。人们需要在一定的环境之中生活，同时受到其中包含的所有外部条件的影响，这些要素的综合就是"环境"。所谓的综合的外部条件，涉及各种社会生活条件、社会关系的综合和自然条件的融汇。就广义视角来看，所有这些都可以被划分为教学环境的范畴，包括校园环境、课堂环境、教学环境等，根据前文所阐述的理论，这样判定的主要原因在于所有这些因素都能够对教学效果产生制约和影响的作用，并且影响程度各不相同。教学环境能够极大地影响教学效果，包括英语教学。

1. 关于教学环境论

就目前的学术成果而言，教育学者们尚未就"教学环境"的具体定义这一问题得出统一的结论，国内外的许多学者都曾对教学环境的实质性内涵发表过自己的看法，最终也未达成一致意见，本书仅在此列举几条主流观点。

（1）教学环境的主体构成因素包括学校和家庭以及与之相关的各种物质因素，它是一种供人开展学习活动的场所。其中，学校环境大体上由各种校园教学楼、图书馆、实验室、操场等组成，家庭环境则拥有自身特别的学习区域，二者结合，共同构成了"学习场所"这一概念。

（2）教学环境的核心在于课堂生活情境，具体分为课堂空间、课堂师生人际关系、课堂生活品质和社会气氛环境等因素。

（3）教学环境本质上是一种班级内的气氛，它可以促使学生产生创造性的思维，让学生感受到集体带来的温暖，并产生安全感和放松感。

（4）教学环境仅包括三个基本要素，即学校环境、家庭环境和社区环境，本观点认为教学环境是一种学习场合。

（5）教学环境是各种因素的合集，包括所有对学生身心发展能够起到正面推动作用的条件和各种能够产生刺激的外部诱因。

2.如何创造良好的教学环境来促进英语翻译教学

（1）英语教师要更新教育观念

大学英语教师要想教导学生高效科学地学习，自身首先应当拥有正确的世界观、人生观和价值观，将其传达给所指导的学生，并且秉持科学的教学观、教师观和学生观，懂得如何尊重学生，让每一个学生都感受到平等的对待和关怀，将学生的主体地位放在学习过程的首要地位，将无差别的、充分的关爱给予全体学生。另外，教师不仅需要具有科学的教学观念，还要掌握并适当地运用日常性的交往技巧。例如，引导学生在课堂上自信地展示自我、发表见解，而自身要以倾听者的角色认真对待学生的观点；将学生始终置于学习过程中的主体地位，为学生设身处地着想，尽可能理解学生的困扰和难处；要及时察觉学生在人际交往中展现出的积极成分，并予以足够的肯定，让学生充分感受到教师对其的尊重和信任态度。此外，教师还要掌握一定的调动情绪的方法，从而在课堂教学中唤起每个学生学习的积极性，让学生主动自觉地投入到英语学习过程之中，这样不仅可以大大提高学生的学习效率，改善学生的学习效果，还可以起到协调师生关系、维系课堂持久发展的作用。

（2）英语教师要讲究语言的艺术化

不同于母语语文教学，学生在英语教学中会接受一种完全不同于原生文化环境和语言环境的文化。因此，为了让学生更准确且更容易地理解英语的语言逻辑，并能够感受英语这门语言所具有的独特魅力和文化内涵，教师应当提升自身的水平，让学生在教学过程中不仅能够掌握课程规划的语言知识，还能感受语言背后的文化积淀和人文关怀。要想实现这一点，英语教师需要落实以下几项要求：秉持教学语言原则，在课堂上避免讲空话、假话、套话、无意义的口头语或散漫的长篇大论；教学语言的风格应当循循善诱，引导让学生领会教学内容的深层次内涵，充分彰显出教师应有的引导性作用，从而使学生逐渐掌握独立思考和解决问题、发掘问题深度的能力；教学语言还应当体现时代特征，并根据具体课程内容而调整，不能囿于固有的陈旧教学语言而不知变通，应当通过灵活生动、有幽默色彩的教学语言来提高学生的拓展性思维，让学生在学习过程中充分发挥主动性和积极性；教学语言要准确严谨，但也不能失去生动性，要营造活跃的课堂氛围，让学生在身临其境的体验中学习和理解语言。

（3）利用现代多媒体技术进行教学

大学英语作为一门课程，突出特点之一在于它并非纯理论课程，而是有一定的应用性和实践性。可以说，英语教学是一种要求将理论和实践充分结合的课程，所以教师所要完成的任务并不仅仅在于让学生掌握书本上的英语语法知识，还要让学生掌握将语言应用于实际生活场景的方法。要实现这个教学目的，大学英语教师可以将现代多媒体技术应用于教学过程中，通过在课堂上播放原声英语歌曲、经典英语电影或英语国家新闻等形式，使学生通过获得更多有关外国文化的知识，真正接受"跨文化交际"的教学环境。

大学英语教师可以从教学环境论中获得许多意义重大的启示，通过分析和应用教学环境论，教师应当充分认识到学生作为教学主体的地位，并给予学生足够的尊重，为学生打造良好的教学环境，充分激发他们的学习动机和学习兴趣，使学生自觉地学、快乐地学，并且拥有将所学语言在实际生活场景中灵活应用的能力，能够在跨文化背景下与他人进行有效的交流和沟通，体现语言学习"理论与实践相结合"的原则,唯有如此,才是真正实现了持久性的稳定英语知识学习,并且能够使未来的个人发展拥有一个良好的基础。

3.语言环境对于英语翻译学习的重要性

"文化适应"这一概念最早出现于1935年,来自美国民族学家罗伯特·雷德菲尔德(Robert Redfield)、拉尔夫·林顿(Ralph Linton)和梅尔维尔·赫斯科维茨(M.J.Herskovitz)等人的学术理论。文化适应是对新文化的思想、信仰和感情系统以及交际系统的理解过程,需要学习者跨越并包容两种及以上的文化,是文化的融入或顺应,也有学者将这一名词译为"涵化"。而"文化适应模式"(Acculturation Model)是由舒曼(Schumann)于1978年提出的,这一理论的入手角度包括环境及情感因素,是语言学者和教育学者开展第二语言掌握过程研究的重要理论基础。[①] 按照文化适应模式理论的主要观点,"社会距离"与"心理距离"是影响甚至决定第二语言学习者的语言学习效果的两个关键因素,而这两个"目的"描述的是语言学习者同所学目的语言社团之间存在的关系。如果从英语教学的视角来分析这两种概念,那么我们可以认为,"社会距离"指的是英语学习者同英语语言社团的认可程度和联系的紧密程度,主要包含六个方面:融合策略、社会优势、文化相近、彼此态度、社团封闭、团结紧密度。本书将在以下就上述的六个方面分别阐述和分析"社会距离"的具体内涵:

第一,融合策略(Integration strategies)。融合策略指的是英语学习者针对英语语言社团的文化所呈现出的有意识的、融入性的趋势。融合策略主要包括三种:同化(assimilation)、适应(acculturation)与保留(preservation)。在这三种策略中,拥有最小的社会距离的英语学习者往往采用的是同化策略,拥有着最大社会距离的学习者则一般采取保留策略。

第二,社会优势(Social Dominance)。社会优势这一概念的内涵可以按照其字面意思理解,指的就英语学习者自身在各种社会因素(如政治、经济、文化、科技等)方面所占有的地位,确切地说,这种"地位"是指学习者和语言社团相比,其作为个体的地位是较强还是较弱。双方国势的高低强弱将影响英语学习者与英语语言社团接触和学习愿望。双方拥有越平等的地位,那么社会距离就越小,

---

[①] 董成.浅析文化适应模式[J].芜湖职业技术学院学报,2013,15卷第4期

英语学习者对英语语言社团就会越有认同感，由此一来，学习和应用该语言的愿望也会越强烈。

第三，文化相近（Similarity of Culture）。文化相近与英语社团和英语学习者的原生语言文化之间的接近程度有关，学习者固有的语言文化和英语文化越相近，同其语言环境的融合也就越容易，社会距离也会越小。

第四，彼此态度（Mutual Attitude）。彼此态度是整个英语语言社团同单独的英语学习个体分别对对方持有的态度，这种整体与个体之间的态度越趋于正面，社会距离就会越小。

第五，社团封闭（Enclosure）。社团封闭主要描述的是英语学习者在实际的日常生活、工作或者社会设施中对英语语言社团的使用或者共用程度。如果英语学习者仅仅是将英语语言社团作为一个独立于自身日常生活之外的特定群体，与社团之间保持着各自相对封闭的关系，那么该学习者与社团成员之间的社会距离就会被拉大；如果学习者已经将语言社团作为生活工作的一个自然组成部分，选择与之共融，那么该学习者与社团成员之间的社会距离就会减小许多。

第六，团结紧密度（Cohesiveness）。这一概念的具体内涵也可以从其字面意思进行理解，即英语学习者在英语语言社团里同整个集体的联系亲密程度。如果英语学习者所归属的是规模较大的语言群体，那么每个社团成员之间相互联系必然会响应度减少、淡化，从而在无形中拉大彼此之间的社会距离。

对于学习第二语言的影响因素，文化适应模式理论的观点是，不仅仅社会心理距离因素会在学习过程中产生影响，"心理距离"因素也是一个非常重要的影响方面，它指的是情感因素对英语学习者的影响。"心理距离"因素对学习者第二语言的掌握程度有着显著的影响效果。学习者第二语言的学习可能不会被其他社会因素所影响，但是基本上总是会受到自身及其所属群体的心理因素作用的影响。心理距离为英语语言学习造成的影响主要包含语言休克、文化休克、学习动机、自我透性四项情感因素。

语言休克（Language Shock）的本质是挫败与恐惧感杂糅的情绪，常见于英语学习者的学习过程或者英语实际应用场合之中，因为这些学习者对自身的语言运用能力缺乏信心，害怕在公共场合受到他人的嘲讽和批评，一方面担心自己会丢面子，另一方面还担心自身的努力学习会受到否定。因此，学习者会出现一定的心理障碍，会和其学习的语言之间拉开比较远的心理距离。

文化休克（Culture Shock）的本质则是一种焦虑与抗拒结合的情绪，当一个英语学习者进入英语语言社团之后，可能因为社团的语言文化和其原生语言文化之间存在的差异而产生难以融入的感觉，由此感到不安和焦虑。学习者产生的焦虑感越强，其和语言社团之间存在的心理距离就越大。

学习动机（Motivation）分为两种，一种是融合型学习动机，一种是工具型学习动机，这两者都见于英语学习者的英语学习过程之中。学习者所受驱使动机的种类不同，其对英语学习社团的心理距离也不同：受到融合型学习动机驱使的学习者会更加希望自身能够顺利地融入英语语言社团，所以会产生较小的心理距离；受到工具型学习动机驱使的学习者掌握语言的最终目的在于满足自身或外界施加的某种目的，因此这些学习者对融入英语语言社团没有什么兴趣，会对其产生比较大的心理距离。

自我透性（Ego Permeability）是说一个学习英语的人如果经常与同英语语言群体进行近距离接触，就有强大的拓展个体边界的渗透能力，所以这些学习者也会对英语语言社团产生越来越短的心理距离。

"社会距离"在文化适应模式中大致可以被理解为"群体距离"，而"心理距离"有"个体距离"的含义。就英语这一学科知识的掌握而言，不同主体的学习效果会因个体差异而表现出明显的不同，其中在具体影响因素中还包括许多个体性非语言因素，如年龄、个人经历、生活和学习环境、发展能力、学习动机、学习态度等，但是就当下的社会现实而言，这些因素在每个学生身上的表现和影响也不一定会有过大的差异，所以，社会性因素对于整体的英语学习效果来说仍然是具有决定性意义的关键因素，即使仅就最个人化的因素（如学习能力等）而言，其通常也无法脱离社会性因素的影响而在英语学习中单独发挥作用。

二、教学过程中的几个关系处理

（1）共性与个性的关系

翻译教学需要遵守翻译教学大纲标准，对特殊词汇或句式进行准确而科学的翻译。因此，翻译教学具有共性特点。由于高校学科定位存在差异，部分高校会针对专业翻译人才进行定性培养，所以会设定较为严格的翻译教学目标、设置标准化的翻译教学课程、配备规模性的师资教学队伍等。因此，翻译教学又具有个性特点。在高校英语翻译教学实践中，需要处理好共性与个性的关系，既要符合翻译教学的标准要求，又要体现院校翻译教学的鲜明特色。例如，师范类院校设置的英语翻译专业，应该明确培养英语翻译专业人才的教学目标，即按照英语翻译教学大纲要求，考虑英语翻译专业学生所学的知识是否对日后从事英语翻译教学工作有所帮助，从而体现师范类英语翻译专业教学特色。

（2）处理好翻译理论教学和翻译实践教学的关系

理论是开展实践的基础，实践是强化理论认知的途径。英语翻译教学既要巩固学生的翻译理论基础，又要强化学生的翻译实践能力。因此，英语翻译教学必须处理好理论与实践的关系。通常来说，英语翻译教学流程是从理论知识讲解开始的，多数高校英语翻译专业都会注重培养学生的理论基础。然而，在英语翻译实践过程中，一些干扰性因素会影响学生的心态，从而使学生容易出现翻译"卡壳"等突发情况。为此，英语翻译教学应该广泛开展英语翻译实践教学，在实践教学过程中，教师可根据学生的英语翻译情况做出相应的指导，也可设置英语翻译欣赏课，让学生了解、学习优秀翻译家的翻译技巧。当然，开展英语翻译实践教学，也是教师排查教学疏漏的过程。教师通过考评学生的英语翻译水准，可针对性地罗列英语翻译教学重点内容，在坚持英语翻译理论课与英语翻译实践同步进行的同时，强化英语翻译重点教学方向，逐步提高院校学生的英语翻译能力。

（3）处理好文学翻译和非文学翻译的关系

在英语书籍著作中，包含各种类型的文体，如散文诗歌书籍著作、科技工艺书籍著作等，针对不同文体书籍著作开展英语翻译教学时，高校英语教师必须处理好英语文体间的关系。例如，英语散文诗歌书籍中含有大量的修饰性词汇，在对这些词汇进行翻译时，既要确保翻译内容与原文含义一致，又要确保所翻译的内容符合阅读逻辑，这就要求英语教师广泛开展英语翻译教学实践，带领学生了解优秀翻译家的翻译经验。高校英语翻译专业学生要跨专业选修相关课程，这是保证英语翻译准确无误、流畅自如的前提；针对复合型英语翻译专业学生开展英语翻译教学时,要让学生具备扎实的英语翻译基础,这是英语翻译专业教学的核心目标。

(4)处理好整体和局部的关系

英语翻译教学要以教育部发布的英语翻译教学纲要为标准,在坚持英语翻译教学标准的前提下,鼓励地方高校制定符合办学特色或专业特色的英语翻译教学标准。各高校可根据英语翻译教学实际选择相应教材,并设置具有英语翻译应用特色的实践课程,强化学生的英语翻译基础。

第三章　英语翻译教学实践

本章主要介绍英语翻译教学实践的相关内容，从英语教学内容出发，将英语翻译教学实践的内容分为三个部分，分别是英语词汇翻译教学、英语语法翻译教学、英语语篇翻译教学。

第一节　英语词汇翻译教学

词汇是人类表达内心情感的介质，虽然不同的民族拥有不同的词汇表达形式，但词汇表达的含义呈现出相似性的特征。英译汉或是汉译英，本质是将两种不同的词汇转为相同的语言，加深彼此的理解与认知。汉语词汇含义和英语词汇含义在某些方面具有相似性，这种相似性是汉英两种语言能够转换的基础。当然，受地理位置差异、民族生活习惯等影响，汉英词汇同样具有差异性，这种差异性表现为汉英词汇缺少逻辑转化，或是存在无法释义的情况。

在翻译教学中，首先要重视对词语内在含义的理解与处理，其次是在两种语言对比过程中对具体词语的形态进行转换。

一、正确理解词语表达的意思

（一）词语的正确搭配

词语是抽象性名词，既可以代指多种意象，又可以特指某种具体意象。语句是由多个词语构成的，因此具有某种特定的含义。词语和语句在搭配使用时，词语的含义就被限定在具体范围内。当针对特定语句进行翻译时，要结合语句表达情境合理转化词语含义。

例1：I can think of a good few medical students who would willingly work their way through colleges by filling in as nurses at our understaffed hospitals.

误译：我可以想象不少读医的学生是愿意来我们人手不足的医院当护士帮助病人填写病历，以此来挣钱读完大学的。

正译：我可以想象不少读医的学生是愿意来我们人手不足的医院临时充当护士，以此来挣钱读完大学的。

解析：fill in 用作及物动词词组，和 a blank/a check/a form 等搭配时是"填写""填入"的意思，但是如果用作不及物动词词组时，和 for sb/as sb 搭配，就是做"暂时代替"来解释。

（二）在上下文中的词语的含义

翻译词语，要懂得变通，也就是根据语句段落进行解释。例如，词语在某个语句段落中会有两层含义，即表面含义和引申含义。当遇到此种情况时，英语教师就要指导学生根据上下文语句情境灵活翻译，确保所翻译的语言符合逻辑、流畅自然，且不违背原话含义。

例2：When you think of the innumerable birds that one sees flying about, not mention the equally numerous small animals like field mice and voles which you do not see, it is very rarely that one comes across a dead body, except, of course, on the roads.

误译：当你想到那些看得见的、到处飞翔的鸟儿，更不用说同样多的、看不见的诸如老鼠、田鼠之类的动物时，除了在大路上，你很难见到动物的死尸。

正译：虽然你可以想象到无数鸟儿在天空中飞翔，更不要说同样多但看不见的诸如野鼠、田鼠之类的动物，但是除了在大路上之外，你很难见到动物的死尸。

解析：这是 when 的一个典型的错误翻译。这里的 when 并不是表示时间关系，而是"虽然"的意思，表示情况的转折。

（三）词语的内涵与引申义

词语具有的双重指代特征是语言翻译的重难点，也是英语翻译教学的重点内容，英语教师需要格外重视这方面的英语翻译实践教学。

例 3：He stepped right in after them, like it or not, and he was determined that nothing as petty as good manners should keep him from a chance of enlightenment.

误译：他不管人家欢迎不欢迎，紧跟着他们走了进去。什么礼貌不礼貌，他顾不得这一套。他决心不错过这个受启蒙的机会。

正译：他不管人家欢迎不欢迎，紧跟着他们走了进去。什么礼貌不礼貌，他顾不得这一套。他决心不错过这个机会，把心里的问题弄明白。

分析：enlightenment 在词典中的意思确实是"启蒙""启发"，但是在这里如果原封不动地照搬，不仅生硬，且不符合原文意思，这里就需要我们把它的引申意义找出来，即"把问题搞清楚"。

二、英汉词语具体形态的对比翻译

通过对比英汉词语翻译，可以发现英汉词语的具体形态既有相似性，又有差异性。

第一，汉语中使用的量词与英语中使用的冠词相似，不存在具体的对应关系。第二，汉语和英语词类结构中都会出现名词、动词和形容词，同时用介词或连词作为过渡。第三，汉语词语中常会出现助词，这些都是用来修饰人物或事件的，如修饰人的语气助词、修饰事件的时态助词等，但英语词语中不用助词来修饰，是用某句话的表达形式或某个词的表达时态来修饰。第四，英语中常会出现较为复杂的副词，但英语中的副词并不能完全与汉语中的副词完全对应，这是因为汉语中并不会用副词或代词作为关系词，而是用名词来指代关系词。所以，英语中的关系词其实就是汉语中的名词或代词。第五，汉语中的方位名词是指代某种特定方向的，英语中的介词使用与汉语中的方位名词的使用具有相似性。第六，汉语和英语中名词、形容词、动词使用频率较高。第七，汉语词语中使用副词的频率较低，且英语中的副词多指汉语中的虚词。此外，英语中的副词是具有实际含义的，这是由于英语中出现的副词是形容词的"派生物"。第八，英语中的关系词较多（如 in from of 等），这种关系词多是具有过渡作用，而汉语中的关系词数量就要少于英语中的关系词数量。

从上述分析可以看出，英、汉词语在动词、形容词、介词、副词等方面存在着诸多差异。限于篇幅，这里以英汉语言的形容词为例进行对比分析。

英汉形容词都具有描述功能，是描写人或事物特征和性质的词，语法上都可以在句中作定语。从语言构词的形态变化来看，语言可分为综合语（synthetic language）和分析语（analytic language）。

英语属于综合—分析语（synthetic-analytic language），汉语属于分析语。因此，英汉形容词在形态、功能和位置这三方面都与汉语存在着差异。

第一，英、汉语形容词的形态差异。

比较而言，英语形容词更富有形态特征。典型的有：-able，-ful/ss，-ish/like，-ous，-ly，-y。英语中的形容词多由名词演化而来，即通过名词加形容词后缀的形式，组成形容词。英汉词语中常会使用形容词修饰特定语句，英汉形容词使用语境和表达含义具有相似性，而由专有名词演化而来的英语形容词，在翻译时则会用汉语中的名词进行指代。

第二，英、汉语形容词的功能差异。

英、汉形容词都可用作定语。汉语中的形容词是谓语组成部分，英语中的形容词与系动词结合使用，可组成复合谓语。汉语词汇中常会出现形容词作状语的结构，这与英语词汇中的副词作状语结构相似。此外，英语中的形容词不能被单独用作主语或宾语，而汉语则可以。

第三，英、汉语形容词的位置功能差异。

汉语强调语序和功能词的作用，所以形容词的位置功能在汉语中没有明显变化，而在英语中，形容词的位置功能要比汉语更加明显。例如，汉语形容词作定语要在被修饰词的前面，英语形容词作定语则在所修饰词的前面。

三、词汇翻译教学策略

英语词汇具有多重含义，在针对英语词汇开展翻译教学活动时，高校英语教师需要让学生准确理解不同语境下词汇的使用含义，在词汇原有含义的基础上，从多个角度尝试灵活翻译词汇，巧妙化解英译汉过程中出现的卡顿等情况，提高词汇翻译技巧。

（一）注重英汉两种语言文化的差异

英语翻译尤其要尊重两国的语言文化内涵，以避免出现词不达意等情况。英汉语言文化差异，表现在对词汇语言的表达使用方面。以常见的短句"Do you have a family"为例，该短句中"family"并非指汉语中"家庭"的意思，这句话也不能简单地翻译为"你有家庭吗"。现代英语词汇同样具有引申含义，如果只是按照词汇固有含义直接翻译，则会导致所翻译的语言不通顺或语意不符合逻辑。因此，英语翻译不能仅强调"对等"翻译。事实上，在英语词汇中，"family"一词经常被翻译为"group of parents and children"，也就是汉语中"家庭"的意思。然而，在"Do you have a family"这一短句中，"family"一词其实是指"person's children"，即汉语中"孩子"的意思。也就是说，该短句所表达的实际含义是"你有孩子吗"。这就表明，英语翻译既要考虑单个词汇的含义，又要结合具体语境和语句进行整体翻译。

从英语翻译教学角度来分析，高校英语教师要让学生明白语境翻译的重要性。当然，这里并非忽略语法结构在词汇翻译中的作用，语法结构是词汇或语句翻译的基础，虽然掌握语法结构知识是中学阶段的要求，但在大学阶段仍要让每位英语翻译专业的学生掌握语法结构知识。英汉语言文化差异是由认知思维差异造成的，正如东方人与西方人持有不同的思想观念一样。在英语翻译过程中，为避免出现由语言文化差异导致的错翻现象，应该提前了解、掌握该国语言文化，并且按照相应的语法结构翻译要求进行灵活翻译。同时，高校英语教师要加强对学生的词汇语法训练，要求学生每天积累或掌握一定量的词汇知识，而不能只是简单地向学生传授词汇语法知识。词汇含义具有多样性特征，由词汇组成的语句亦具有多重含义，只有在坚持积累词汇、掌握语法结构、辨析语境特征的基础上，才能保证英语翻译语言的准确性、合理性。

（二）注重词汇意义的多样性

积累词汇是语言翻译的基础，但不能简单地按照词汇解释直接翻译语言。汉语词典中出现的某个字词就有多种解释，英语词汇同样具有多种表达含义。例如，英语中常使用的连词"and"，当该词被用作连接词语或句子时，常会被翻译为

"和""与"等意思，但在英语中，"and"又并非仅是作为连词使用。因此，在翻译汉语时，"and"不能仅翻译为"和""与"等意思。当"and"可以被指代其他含义时，该词引申含义就被放大。在一般情况下，"and"还具有互相比较的意思，也就是将同种事物放在一起比较，用以表达某种引申含义。例如，"Time and tide wait for no man"这句话如果直接翻译，其意思是指"时间和潮流不能等待人"，但如果仔细分析，该英语例句中的"and"并非只是作为连词使用，如果将其译为汉语则具有两层含义，表层含义具有"和"的意思，引申含义则代指某种潜在的道理，即汉语中常见的修辞结构。因此，如果将该英语句式翻译为汉语，其实就和汉语中常说的"岁月不待人"类似。

（三）注重比较词汇在相关习惯用语中的含义

英语翻译应该避免直译，而是要从上下文语境出发进行间接翻译。受英汉语言文化差异的影响，许多英语词汇在汉语语言中有不同的表达含义，这就要求译者要结合习惯用语进行翻译。以"His mother died of difficult labor"为例，在英语词汇中，"labor"有名词和动词两种形式，当用作名词搭配使用时，有"劳动""分娩"等意思；当用作动词搭配使用时，有"劳动""颠簸"之意。在该英语短句中，如果只是分析"labor"这一词汇，那么该句即可译为"他妈妈死于过度劳累"。如果结合"difficult"来搭配翻译，那么"difficult labor"就有"困难的分娩"（即"难产"）的意思。由此可知，英语翻译既要注重词汇本身的含义，又要注重搭配上下文词汇翻译。

四、词汇翻译教学实践

翻译是运用一种语言把另一种语言所表达的思维内容准确而完整地重新表达出来的语言活动。词是语言的基本组成单位，对原语词的准确理解和把握是进行准确翻译的前提和基础。词汇训练要从词汇基础开始练习，全面、准确地理解词汇代指的全部含义，根据语言表达情境熟练运用词汇，形成词汇语境意识和搭配意识。

（一）词汇语境意识的培养

语境是理解和翻译的基础。因为语境决定语义，任何词语、句子都需要在一定的语境中运用，任何语义都必须在一定的语境中才能得到实现。单个词汇可以代指多种含义，但在具体化的语言表达中，特定的语境使词汇具有某种特定含义。语境和词汇相互搭配，可以展现语言表达的价值。英语翻译要求根据词汇语境辨析词汇特指含义，培养个人词汇语境意识，保证语言交际活动的顺利开展。英语词汇量的掌握程度是学生进行词汇语境辨析的基础，在英语翻译教学开始前，高校英语教师需要让学生积累大量的词汇，帮助学生建立基础的词汇知识体系。在学生能准确地认识和理解词汇含义后，教师可以逐步培养学生的词汇语境意识，通过模拟各种类型的英语表达情境，让学生尝试自主辨析词汇与语境的关系，学会根据语境运用词汇，夯实英语翻译基础。

词汇积累是语言学习的基础，但学习词汇的目的不仅是积累，而是要将词汇灵活地运用并进行语言交流。学会辨析词汇语境是词汇运用的关键，所以，英语翻译教学要从培养学生词汇语境意识开始，让学生能够根据语言变动情境理解词汇的特定含义。

（二）词汇逻辑意识的培养

准确理解词义要根据语言交际情境来判断。词义在特定语境中被具体化，有明确的中心意义。特定的词义是用词汇来描述所反映对象的具体特征，从而赋予词汇更为丰富的使用价值，即词汇具有某种特定的使用背景和功能用途。词义能够反映词汇和语境的共融关系，是基于词汇和语境搭配使用的产物，具有指向特定含义。词义一经生成，就不会带有明显的变动特征，因为随着词义使用频率的提高，人们对不同语境下的词义会形成固定的印象，也就是使用习惯的养成。词汇可分为基本意义和具体意义两类，词汇在单独使用时就具有基本意义，而在搭配语境使用时则具有具体意义。词的具体意义是词的基本意义的组成部分。在开展词汇翻译教学时，高校英语教师应该让学生形成词汇逻辑意识，辨别词汇基本意义和具体意义的使用特征。根据语言表达或交流情境，结合词汇基本意义来辨析词汇的具体意义，以逻辑化的思考加深对词汇使用特征的理解。

（三）词汇搭配意识的培养

词汇和语境搭配使用，能够体现词汇的使用价值。在不同语境下，词汇具有的含义就会有所变化。当词汇出现在语法结构中时，名词、动词或形容词与介词搭配，就会呈现不同的含义，或体现不同的功能。在英语的学习中，词的搭配是很重要的，对词汇搭配的掌握程度直接影响到学习者是否能准确地使用这门语言。学习词的搭配，可以培养学生的词汇搭配意识。就语法搭配而言，语法搭配形式意义多种多样，很容易混淆，不易掌握。有时同一词语，语境不同，搭配不同，意义和用法也就不同。在理解和翻译句子时，对词汇的搭配意义的准确把握可以帮助我们更好地理解和翻译该句子。因此，在翻译教学中培养学生的词汇搭配意识，能使他们翻译得更地道，翻译出来的译文更符合译语习惯。

第二节　英语语法翻译教学

一、语法翻译教学的目的及目标

（一）语法教学目的

一般来说，鉴于语法在语言中的重要地位，英语翻译语法教学有至少两个重要目的：一是培养学习者正确地使用语法规则构造语言单位，避免因词汇的简单堆积造成尴尬的局面；二是通过语法知识的构建提高学习者的外语应用正确性，从而提高他们的外语应用能力及交际能力，进而促进他们的跨文化交流。中学语法教学如此，大学英语语法教学也不例外。

如果说我国中学语法教学的目的是使学生通过中考或高考来获得继续深造的机会，那么我国的大学生学习语法的目的一方面是通过四、六级考试以获取学位证书并找到一份心仪的好工作，或者在托福、雅思之类的考试中得到高分以申请出国留学；另一方面就是提高自己的英语语言应用能力，以摆脱"哑巴英语"或者"中式英语"的桎梏，将来能够更好地投入工作。

同时，由于我国的英语教学一直比较重视语法知识的传授，通过大学前至少六年的英语语法知识的学习，我国的大学生理论上来说已经学习了英语中的绝大多数语法理论知识。此外，考虑到本书所谈论的大学生都是非英语专业，他们不需要将英语语法学得太深，因此，大学英语语法教学必须注重教学内容的选择及教学方法的选择。

（二）语法教学目标

语法教学的目标可以分为初级目标和高级目标两大类，即"知"和"能"两个目标，实现这两个目标的阶段可以分为三个，即初级阶段、过渡阶段以及高级阶段。根据这一理论，语法教学的目标包含理论掌握及应用，结合我国目前的英语教育体系来说，中小学阶段的英语教学目标就是掌握理论，即所谓的"知"；大学英语教学的目标就应该是语法规则的运用，即所谓的"能"。

二、语法翻译教学内容

在英语语言三大要素中，最具系统性的就是语法。一般来说，英语语法的主要内容包含词法、句法，现代语言学认为英语语法应该还有语篇语法，所以，英语语法的主要内容总结起来就是词法、句法及语篇三方面。

词法包含构词法及词类两个方面，而构词法包含的是词汇的产生机制，如派生法、缩略法、转化法、外借法等。词类即词的类别，一般分为实词和虚词两大类。实词包含常见的名词、动词、形容词及副词四类，并且每类实词又可以划分为更小的类别，如名词分为可数名词与不可数名词；动词分为及物动词与不及物动词，也可以分为实意动词与助动词，还可根据其在句子中的作用分为谓语动词与非谓语动词；形容词与副词则需注意其比较级与最高级的形式等。虚词则包含代词、数词、冠词、介词、连词、叹词等类别。

句法主要包含句子成分、句子类别及标点符号三方面的内容。句子成分主要是相关成分在句子中的作用，常分为主语、谓语、宾语、定语、状语、补语、表语、同位语及独立成分等。句子类别一般被分为简单句和复杂句两类，简单句中又包含不同的结构，如主谓宾结构、主系表结构等；复杂句主要涉及各分句之间的逻辑关系（如递进关系、因果关系、对比关系等），并且句子还可以根据其语气或作用分为陈述句、祈使句、感叹句、疑问句等。标点符号主要用于句子中各成分之间表示使用者意思表达的某种特定的逻辑关系或意图。

语篇语法主要是相对于以句子为中心的语法提出来的概念，指以语篇为中心的语法，主要涉及有关语篇构成的语法知识，如语篇衔接、篇章策略、篇章的信息性、篇章的主位与述位等知识。

我国大学生在进入大学之前已经学习了至少六年的英语，并且六年以来一直没有间断过英语语法知识的学习与练习，从理论上说，他们已经基本掌握了英语语法知识，所以，大学英语语法教学内容就不能再以基本的语法知识为主，而是应该以既符合大学生学习思维，又能满足他们实际需求的教学内容为主。教学内容的选择跟教学目的的选择息息相关。《课程要求》规定大学英语的教学目的是培养和提高学生的语言应用能力，因此，在选择大学英语语法教学内容时必须以"是否有利于促进提高学生的语言应用能力"为主要甄别依据。

三、语法翻译教学策略、方法及实践

大学英语语法教学不能再以基础的语法理论为教学对象，而应该以高于中小学语法教学内容的语法理论为对象，而有别于具体语法理论的内容主要就是系统化的语法理论、语篇语法等。

大学英语是英语作为外语进行学习的较高阶段，因此，大学英语教学应有别于中小学阶段的英语教学，即大学英语教学不能继续坚持传统的教学策略及方法，而是应该采用与大学生思维方式相契合的新思路。大学生已经具备一定的独立思考能力及逻辑思维能力，也就意味着他们已经具备了一定的归纳、演绎能力，该能力可以使他们自觉地从具体语言现象中归纳出规律，或者利用一定规律造出符合语法理论及语言体系的句子、段落及篇章。

（一）充分发挥多媒体的作用

现在，多媒体设备已经在我国大学英语教学中得到普遍使用，而多媒体教学的优点也已经得到了众多教育专家的肯定，这些优点同样适用于语法教学，因为传统语法教学的主要形式是教师讲解语法理论，然后辅以大量的练习加以巩固。

这种辅以大量练习的题海战术遭到了很多批判，其真正价值尚未得到具体验证，而且对于部分语言天赋不足的学生来说做大量习题简直苦不堪言。多媒体设备不仅仅可以用来展示语法理论及语法练习，还可以将语法理论与图片、语音、故事等结合起来，有助于实现语法知识展示方式的多样性，提高学生的学习兴趣及课堂参与度，进而提高教学效率。

（二）紧密结合教材开展教学

目前，我国高校很少有为非英语专业的大学生开设专门的英语语法课程，这也意味着教师不可能在课内专门地、系统地进行语法教学。同时，鉴于语法知识在语言及交际中的重要地位，语法教学又成为英语教学不可缺少的一部分，因此，如何巧妙又充分地结合教材内容进行语法教学成为英语教学中需要思考的重要问题。前面提到过，大学生已经有一定的语法基础，因此，结合教材进行语法教学并不意味着教材中的所有语法知识都必须在教学中得到体现或强调。一般来说，语法教学重点应该是那些学生在中学阶段未曾遇见过的语法现象，或者是中学阶段学过但掌握得不是非常系统的知识。

（三）重视培养学生的语法应用能力

大学英语教学的目标是提高学生的语言应用能力，语法教学的目标也就是提高学生的语法应用能力。因此，在语法教学实践中，教师应该把语法理论讲解与实际应用结合起来，语法知识的具体应用不仅仅表现在完成选择题，或者罗列出某些语法理论（如时态、语态等）的适用语境上，还应该表现在对疑难句子结构和语篇结构的分析、理解及写作应用上。

当然，语法应用能力不仅仅体现在对已有句子结构的分析及理解上，还应该体现在对具体语境中留出来的空格补充完整时对其前后语境的判断以及对所需要填的词汇的断定上，一个极好的例子就是大学英语四、六级考试中的选词填空题。虽然理论上所有完成该题的语法理论都已经得到过讲解以及练习，但在实际解答该类题时，很多学生由于各种原因而不能充分运用已有的语法知识，尤其是句子中间某个词有多个词性时，学生很容易受到常用词性的影响。

学生的语法应用能力也可以在学生的翻译水平上得以体现，这一点在新的四、六级考试的翻译题中表现得淋漓尽致。从 2013 年 12 月开始，新的英语四、六级考试执行新的题型，即以段落翻译取代以前的句子翻译，内容以我国社会、政治、经济、文化等为主。这一考试题型的改变不仅体现了以输出为目的的新的外语教学目的，而且也体现了中国人文化自信的提高。这种考试题型不仅仅增加了考试的题量，还增加了考试难度及要求。段落是由句子组合而成的，相对于句子来说，段落多了衔接等语篇语法的内容，段落翻译相对于句子翻译的区别也是这样。因此，学生在完成段落翻译时就不仅仅需要着眼于单个句子，还需要注意句子之间的联系以及逻辑关系。以下以 2013 年 12 月英语四级考试翻译题为例：

许多人喜欢中餐。在中国，烹饪不仅被视为一种技能，而且也被视为一种艺术。精心准备的中餐既可口又好看。烹饪技艺和配料在中国各地差别很大。但很好的烹饪都有一个共同点，总是要考虑到颜色、味道、口感和营养。由于食物对健康至关重要，好的厨师总是努力在谷物、肉类和蔬菜之间取得平衡，所以中餐既味美又健康。

这段话由六句话组成，其中既有简单句（第一、三、四句），也有复合句（第二、五、六句）。在翻译过程中需要综合考虑词汇、语法知识，而语法知识中重点和难点都在于句子之间的逻辑关系（如第二句中的递进关系、第五句中的同位关系以及第六句中的因果关系），学生在解析过程中还要注意到句子之间的逻辑关系（如第三句与第四句之间的转折关系）。因此，这个段落可以被翻译成以下的译文：

Many people like Chinese food. In China, not only is cooking seen as a skill, but also a kind of art. Despite the great differences existing in cooking skills and ingredients in different areas of China, there is still a shared character in good cooking, that is, they all attach much attention to the color, aroma, taste and nutrition. Due to the great importance of food to one's health, the advanced cooks are always striking a balance among grain, meat and vegetables, making Chinese food delicious and healthy.

所以，在大学英语语法教学过程中，教师的教学中心应该转向语法的应用，而不再是对语法现象的罗列、语法规律的总结以及语法选项的判断及选择，而语法应用的重点是结合语境、句子及段落翻译等，使学生在用中学，在学中用。

(四)注重知识及材料的更新

语法教学中知识的更新不仅仅是语法知识的更新,同时也是对理论知识的更新,因为相对而言,语言三大要素中变化最慢的就是语法,因此,教师很有必要将最新、最流行的语言学理论及教学理论运用到语法教学中去,如目前外语教学领域比较推崇的交际教学法等。将交际教学法运用到语法教学中已经得到了众多教学专家的一致首肯,并且很多研究人员已经在教学研究及教学实践中对该教学法加以实证研究,证实了其效果。

同样,教学材料的更新也不仅仅是更换教材那么简单,教材的更换是更新材料的一种方式,但更为重要的是,教师在语法教学过程中一方面要更新教学材料,使学生接触到最新的知识及理论,获取最新的信息,从而提高学习兴趣;另一方面要灵活使用已有的教学材料,在备课过程中发现课程内容与已有材料之间的联系,并在日常教学中将这些加以归类,总结归纳出其中的规律,或者尝试新的、学生喜闻乐见的讲解方式,以利于学生理解、掌握语法知识。

另外,教学材料的更新还在于测试体系的更新。传统语法测试的主要形式是选择题、判断题或填空题,在当前社会背景下,机械地完成这种类型的题目显然已无法满足社会及学生自身的需求,因为这种题型多为考查特定的语法点,不需要太多考虑就可以完成。因此,新的考试题型(如选词填空、翻译等)应该在日常教学中得到应用,因为这种题型不仅可以让学生练习特定的语法知识,还可以让学生运用其他知识和技能,如阅读理解能力、语篇知识等。当然,这些新的考试题型的运用并不一定是为了练习语法知识,还可以用于提高学生的阅读理解能力,或者用于培养学生的语感以及其他英语技能。

第三节 英语语篇翻译教学

一、语篇概述

"语篇"这个术语在不同学者的著述中具有不同的含义。博士生导师胡壮麟在其《语篇的衔接与连贯》一书中指出,语篇是"任何不完全受句子语法约束地在一定语境下表示完整语义的自然语言"。韩礼德和哈桑在《英语中的衔接》中指出:"语篇指任何长度的、在语义上完整的口语和书面语的段落,它与句子或小句的关系不在于语篇的长短,而在于衔接。""语篇与非语篇的根本区别在于是否具有语篇性——而语篇性是由衔接关系形成的。"

与语句不同,语篇讲究整体语言结构符合逻辑,是基于语言交际过程而言的语言功能关系。语篇是语言结构和翻译的最大单位。语篇可以以对话(dialogue)的形式出现,也可以以独白(monologue)的形式出现;可以是众人随意交谈,也可以是挖空心思的诗作或精心布局的小说或故事。需要注意的是,语篇并不一定就是一大段话,只要是表达了一个完整的意思,那么一个词语也可以称为语篇。语篇翻译是语言翻译的重要构成。语言翻译是循序渐进的过程,即由词汇翻译到语句翻译再到语篇翻译,也就是说,语篇翻译是语言翻译的最后一环,也是关键性环节。在语篇翻译时,要基于词汇翻译和语句翻译视角,形成由局部到整体的翻译意识,在确保局部逻辑通顺的基础上,实现语句之间的合理衔接。

语句衔接关系是把握语篇翻译的要素,也是评价语篇翻译是否合理的标准。通常来说,语句衔接关系表现为对语义和语境的辨析。译者要在对语义和语境准确性理解的基础上,运用词汇和语法等基础知识,实现语句之间的过渡衔接,保证上下文逻辑通顺,体现文章的中心思想。

语篇翻译要有整体性意识,这是决定语篇翻译质量的关键。语篇包含三个主体性要素,即词汇、语句和语法结构。高校英语教师在教学语篇翻译知识时,需要加强对学生与语篇整体意识的训练,将词汇、语句及语法结构视为整体,形成由局部(词汇—语法—语句)到整体(语篇)的翻译教学。词汇和语法是语篇翻译的基础,当词汇融入语句时,词汇的含义就会被延伸,这时译者就需要仔细揣摩语篇情境,根据语法知识和翻译经验对语篇进行整体性翻译。语篇更能反映谈话者或写作者的中心意图或主旨思想,译者只有从宏观或整体角度出发翻译语篇,才能准确理解语篇思想。当然,高校英语教师对学生语篇翻译的整体性意识的培养要按照循序渐进的过程进行。

二、英语语篇思维模式

英语语篇一般是由几个相互关联的段落组成的,每一段阐述一个要点。文章结构具有系统性、严密性的特点。一篇结构完整、脉络清晰的文章应具有三个主要的组成部分:引言段、正文和结尾段。

英语语篇思维强调直截了当,即通过"开门见山"的论述方式表明中心思想,然后再通过层层递进的结构对中心思想进行论证。这表明,英语语篇思维结构具有"总—分"的特征,并且以呈现个人观点作为起点,然后围绕观点进行论证的思维模式。

三、语篇分析在翻译中的运用

1952年,美国语言学家哈里斯率先提出"语篇分析"的概念,经过总结分析后,该概念被广泛地用于社会语言学、语言哲学和符号学、语用学等多个学科领域中。

自从翻译界将"语篇分析"这个语言学研究的成果嫁接到翻译学科,翻译界对"上下文"的认识有了一个飞跃,从感性上升到理性,从经验上升到理论。在系统地认识语篇分析理论后,翻译人员能更准确地找出原文或原话的核心要义,并对词汇、语句和语法结构等语篇要素有清晰的认知。语篇分析应作为高校英语翻译教学的重点内容,要求学生掌握语句衔接关系和词汇构成关系,并能够准确地辨析语句语法结构特征,注重语篇翻译的整体连贯性。

任何语篇结构都是符合逻辑安排的,语句与语句、段落与段落之间的衔接连贯是保证语篇质量的关键。英语语篇翻译同样要注重内部结构的衔接连贯性,这样才能使译文符合逻辑。通过分析英语语篇的整体结构特点,可以发现英语语篇的结构安排具有层次性,各段落的话题衔接连贯,并且每个段落的话题都会对应本段开头的论点。英语语篇蕴涵特定的思想情感,翻译英语语篇不单单只是两种语言之间的简单转化,更是以语言为载体实现的思想情感的传播。如果所翻译的语言不通顺或不符合逻辑,那么他人就无法准确地理解原作者的观点、把握原作者的情感。所以,英语语篇翻译要保证译文符合逻辑。

（一）语篇的衔接

衔接，即语句或段落之间的过渡形式，是构成语篇的重要特征。语篇翻译尤其要注重衔接质量，衔接是否恰当合理，会影响语篇翻译的整体表达质量。所以，高校英语翻译专业学生要掌握语篇衔接的概念。通过整理各学者的话语观点，所谓的语篇衔接，就是将语篇内部要素联系起来的语言手段。

句组中的各个句子之间、句组与句组之间需用不同的衔接手段来体现语篇结构上的黏着性和意义上的连贯性。语篇的衔接手段大体可分为词汇手段、语法手段两大类。

1. 词汇手段

词汇衔接是影响语篇连贯性的基础因素。英语词汇衔接关系可分为两类，即同现关系（collocation）和复现关系（reiteration）。此外，运用逻辑连接法也可实现语篇的连贯。

词语之间具有同现关系。同现关系指的是词语在语篇中同时出现的倾向性或可能性。一些属于同一个"词汇套"（lexical set）或同一个"词汇链"（lexical chain）的词常常一起出现在语篇中，衔接上下文。此外，互补词也能确立词语之间的同现关系。

2. 语法手段

句子或句组之间的衔接可以通过语法手段予以实现，其中较为常见的语法手段有以下几种：

（1）动词的时、体变化

动词的时和体可以在句子中起到衔接的作用。

（2）照应（reference）

在英语语篇中，照应是指逻辑对应关系。语句由词汇组成，包含特定的语法特征。对语篇进行翻译时，需要按照语句表述情境进行词汇对比翻译，也就是将词汇的概念加以具象化，使其更符合语句表达逻辑，更具有衔接性，所以可以采用照应的语法手段。

照应关系可分为两种类型：语内照应（endophora）和语外照应（exophora）。语内照应又可分为两种情况：一种是"上指"（anaphora，亦称"反指"），即用一个词或词组替代提到的另一个词或词组；另一种情况是"下指"（cataphora，亦称"预指"），即用一个词或短语来指下文中即将出现的另一个词、短语乃至句子。语外照应是指在语篇中找不到所指对象的照应关系。

（3）替代（substitution）

为避免出现语义重复的现象，在语篇翻译过程中，需要使用替代的方法进行词汇转化。当出现两种词汇具有同种含义的情况时，翻译者可以把其中一个词汇进行替代，同时确保语句衔接关系（即语句逻辑）合理。在英语语篇中，替代是对同种对象特征的转化表述，是经常被使用的一种语法手段。具体来说，替代可分为名词性替代（nominal substitution）、动词性替代（verbal substitution）和分句性替代（clausal substitution）三种主要形式。

替代关系是英语语句逻辑衔接的重要手段，相对于汉语表达来说，英语语篇中替代手段的使用频率较高。例如，英语语篇中常见的代词"so""do"等。使用替代词汇的目的是为避免出现语义重复的情况，在英语翻译教学过程中，英语教师可以特别指出替代手段的使用特征，帮助学生建立正确的英语翻译思维模式。

（4）省略（ellipsis）

使用省略手段是为了减少语篇中的冗余成分。句中的省略成分通常都可以从语境中找到，这样句与句之间就形成了连接关系。省略手段具有和替代手段类似的使用特征，即都是为避免出现相同内容以影响语篇衔接逻辑。因此，我们可以把省略手段看成是替代手段的"衍生物"，即通常所指的"零替代"（substitution by zero）。作为一种修辞方式，省略符合语言使用的经济原则。在英语语篇中，常用的省略手段主要有三种，即名词性省略（nominal ellipsis）、动词性省略（verbal ellipsis）和分句性省略（clausal ellipsis）。在英语语篇中，省略手段同样拥有较高的使用频率。

（5）连接（connection）

连接手段是将语句或语段逻辑关系串联起来，在英语语篇中以"连接词"的方式呈现。英语连接词可分为连词、副词和介词等，短语或分句同样能够作为连接成分使用。连接词是构成连接关系的主体，为有效衔接英语语篇中语句、段落的逻辑关系，就需要合理地利用连接词，通过上下文之间的过渡体现衔接连贯特征，进而保证语篇原文和译文的一致性，准确传达某种观点或态度。

英语语篇中所使用的部分连接词具有特定的含义或作用。在分析英语语篇中的连接词时，要了解其对语篇逻辑阐述的效果，把握连接词与语句、段落的关系。根据连接词的功能，韩礼德将连接词分为四种类型，即添加、递进、转折和因果，分别对应英语词汇中的 and，but，so，then。

（二）语篇的连贯

语篇必须体现连贯性（coherence）。语篇连贯是指语篇行文逻辑的连贯性，即语义表达符合语言的功能使用要求。语句、段落之间的过渡衔接合理与否是影响语篇整体连贯性的条件。英语语篇翻译连贯，要求语言信息接收者要准确地转述发出者的话语，并体现逻辑性。衔接是语篇连贯的保证，是由各关系网组成的语言结构体系，而连贯则是语篇衔接的外在表征。语篇连贯性需要建立在对信息发出者语言逻辑准确理解基础之上，进而以个人语言组织话语的形式进行表达。

（三）影响语篇衔接连贯的因素

语境是构成语篇衔接连贯的前提因素，因此，译者要在把握语境蕴涵的时间信息或空间信息的基础上，理解语言信息发出者的语义。以语境视角为中心建立语篇翻译方法，可以顺利实现语言之间的逻辑转化，并且能够对语言信息发出者的语义进行有效解构。因此，语句或语段之间的衔接连贯性，需要从语境分析出发。由于语境的产生是受多种因素影响，所以语境可细分为广义和狭义两种类型。广义的语境会受外在社会环境的干扰，这种干扰会影响语言发出者个人的思维；狭义的语境是基于语言交际双方而产生的特定形式的干扰，这种语境的产生需要双方建立交流关系。狭义的语境会影响语篇逻辑衔接，进而对语篇整体连贯性产生影响，这是因为狭义的语境的产生更具有某种针对性或倾向性。语境和语篇之间相互联系、相互区别，语境指导译者语篇翻译的方向，而语篇中又蕴涵某种语境，这种语境必须借助语篇表述来呈现，这样才能体现语境的功能作用。在翻译实践中，译者要充分注意两者的区别并在操作过程中将其统一。

从语篇的角度来看，英译汉的过程是用汉语重新构建语篇的过程，句子层面之外必须考虑语篇衔接，同时在重构的过程中需要分析原文的语篇结构。原文作者为了一定的修辞目的会采用一些衔接手段,译者应当体察其意图,在不违背其语义信息、修辞特色的前提下,选择符合汉语表达习惯的衔接手段,尽量给汉语读者提供既能传达原文含义,又能符合语言阅读习惯的译文。

四、语篇翻译教学内容

(一) 句群翻译

句群是由几个意义关系密切的句子构成。这些句子在语义上有逻辑关系,在语法上有密切联系,在结构上衔接连贯。在翻译时,译者须注意以下一些问题:

1. 注意体现句间的连贯

连贯是句群的基本特征之一,可以说没有连贯就没有句群,所以翻译出来的译文也必须是连贯的。影响连贯的因素既有句群内部语言方面的,也有句群外部非语言方面的。句群内部具有各种衔接手段,通过分析句群内部衔接手段,可以确保语篇翻译的整体质量。当然,译者也要对句群外部的连贯性因素进行分析,建立句群内外部之间的关系,实现整体的衔接连贯。例如:

The undersea world is well-known as a source of natural beauty and a stimulus to human fantasy. The importance of oceanography as a key to the understanding of our planet is seldom as well appreciated.

译文1:海底世界是自然美的源泉和人类幻想的动力,这是大家所熟知的。而作为考察地球的钥匙的海洋学,其重要性人们就认识不足了。

译文2:人们都知道海底世界有着无穷无尽的自然美,并总是激起人们奇异的幻想。海洋学是认识我们星球的关键,这一重要性很少被人理解。

此句群由两个句子组成。前句的信息中心是well-known,后句的信息中心是seldom as well appreciated,前后互相对照。译文1增加了连接词"而",体现了前后两句中信息中心的对比,译文和原文达到了修辞层的统一。译文2由于没有弄清楚前后两句的信息中心及其对比关系,与译文完全不成对比,因此译文的联结照应比较差。

例如:白杨不是平凡的树。它在西北极为普遍,不被人重视,就跟北方的农民相似；它有极强的生命力，磨折不了，压迫不倒，也跟北方的农民相似。

译文：White poplars are no ordinary trees. But these common trees in Northwest China are as much ignored as our peasants in the North. However, like our peasants in the North, they are bursting with vitality and capable of surviving any hardship or oppression.

这段汉语文字包含三层语义：第一句一层语义，第二句是联合复句，前后分句各一层语义。从形式上看，各部分内容之间缺少关联词，其内在联系是通过语义来体现的，是典型的汉语意合句。在此认识基础之上，译文分别增添了关联词but和however，体现了原文句子的连贯性。

2. 要反映主题的层次

英语句群是由分句和短语构成的，不同句群相互组合能够使主题层次更加清晰。当然，由于句群结构本身较为复杂，所以在针对句群翻译时会存在相应的困难。为此，要拆解句群结构，从局部各组成要素出发，分析句群内部各分句和短语的含义、作用，然后以整体建构的方法进行翻译。这种由局部拆解到整体结构的方法，可以准确地明晰句群主题层次。

例如：Moscow's history is old and varied. It has witnessed many scenes, but never have such scenes been witnessed in any city as those which took place in Moscow during those tragic days.

译文：莫斯科的历史悠久而多样，它目睹了众多历史场面；但是，在那悲痛的日子里，发生的那样的场面是任何城市从未经历过的。

英语句群包括两个句子，第一句是简单句，给出莫斯科的历史特点，第二句是转折关系复合句，根据语义逻辑关系，译文把It has witnessed many scenes之前作为一个层次，合成一句。这种重新断句组合，更准确地传达了原文。

这个英语句群开始连用了两个if条件从句，接着用了两个强调句，但译者并没有按原文句群进行翻译，而是对句子结构进行了调整。把两个强调句都改成条件句来译，增强了层次感，使句子的意义表达得更加准确和明晰。

（二）段落翻译

段落是小于语篇的语义单位，可能是几个句群，也可能是一个句群。段落翻译质量要优于句群翻译质量，这是因为段落翻译更能体现翻译的整体性特征与原文的逻辑关系。

英语语篇中的段落结构具有明显的层次性，即以主题句为引领，由多个语句群构成论点阐述。此外，多个语句群通过衔接连贯的方式，可从整体上反映段落结构的主题，这与中文语篇段落结构相类似。衔接是指段落的各个部分的排列和连接要符合逻辑。连贯则要求各个部分的语义连接应当通顺而流畅。

通常来讲，英语语篇开头段落即为主题段落，后续段落围绕开头段落展开论述，并体现语篇中心主题。这种逻辑结构具有严谨性，与语文学科中的议论文结构相似。由此可见，英语语篇表达主题思想的方式方法更加简单直接，使人更容易理解。

相对于英语语篇主题表述，汉语语篇主题表述则更加迂回，人们不会直接阐明语篇主题，而是以各种描述对象为例证，并通过层层递进的方式将其阐明。汉语语篇中的段落结构是相互联系的，具有较为明显的递进关系。可以说，中英语篇思维差异之处正在于此。

段落具有衔接与连贯两大语篇特征，从而使语篇分析的诸多手段都可以在段落的理解与翻译中加以运用。段落翻译，即以段落为单位，基于整体视角分析段落及语篇语义。段落翻译能够体现由局部到整体的转化性特征。从段落模式来看，英译汉时一般都可保留原模式，尽量做到形、神、意兼似。同时，段落翻译是语篇整体翻译的有机组成部分，必须在对语篇做出总体分析和理解的基础上进行，要与语篇的中心思想、情景语境、组织结构、逻辑关系、语义、文体风格等方面协调一致。

省译即去掉原作中不符合目的语行文习惯的词语，或读者所不需要的信息内容。增译就是在翻译时根据意义和句法的需要，增加原文中没有的一些词来更忠实通顺地表达原文的思想内容。

(1)省译或增译关联词语

以语篇结构分析，英汉语篇在语句、段落衔接关系方面具有明显的差异特征。因此，英汉语篇处理方式方法也就不同。相对来说，英语语篇中的语句或段落较注重语法形式，并且对连接词的使用较为频繁，如 and，but，if，as，therefore，when，however，moreover 和某些特定的短语、分句等。连接词中具有的因果、比较、转折、让步、条件等关系，可以使英语语篇中的语句段落衔接更加连贯。因此，这些成分既起到了衔接的作用，又有助于行文的通顺与连贯。汉语语篇表述则重视主题的内在阐述，汉语语篇中的语句具有某种引申含义，且语句之间是由含义所串联起来的。因此，英译汉时，译文应符合汉语行文习惯，省略原文中的某些衔接词。

(2)省译或增译主语及其他成分

汉译英要突出主语，英译汉则需突出主题。英译汉要坚持一点原则，即符合汉语的表达逻辑，故在翻译过程中可以适当省去部分冗余的连接词。我国学习英语的人受到母语的影响，在汉译英时有时忘记给句子安排主语，写出了错误的译文；在英译汉时却不顾汉语的习惯，往往不折不扣地如数译出原文的每个主语，致使译文读起来很不通顺。在翻译中，这两种倾向都需注意。

第四章 英语翻译教学的创新发展

本章讲述英语翻译教学的创新发展，主要有英语翻译教学现状分析、英语翻译教学内容的创新、英语翻译教学方法的创新以及英语翻译教学模式的创新四部分内容。

第一节 英语翻译教学现状分析

一、翻译教学现状

（一）翻译课堂教学现状

翻译教学如何开展是翻译教学任务需要解决的主要问题。在实际翻译教学中，不同的教师有不同的培养模式和教学体系，这就使翻译课堂教学质量呈现差异化发展特征。因此，只有认识和把握翻译课堂的教学现状，才能做到"对症下药"，建立正确的翻译课堂教学体系和培养模式。

1. 把翻译教学等同于外语教学

语言教学是翻译教学的基础，但不是唯一途径。针对翻译教学，许多教师仍采用较为传统的语言教学模式，也就是按照固有的词汇语法教学策略，要求学生熟读、熟记、熟运用，从而间接影响学生翻译意识的形成。翻译是以语言为载体，实现两种或两种以上语言的相互转化。如果简单地将翻译教学视为语言教学，那么就会导致翻译教学质量较差。实际上，当前的翻译教学模式具有较为明显的刻板特征，这种机械式的、重复式的语言转化方式是与翻译教学的初衷相悖的。翻译讲究神似或形似，既要准确地传达话语信息发出者的意图，又要保证翻译逻辑能被话语信息接收者所理解。翻译教学具有较强的实用功能，任何一门语言都需要通过翻译进行转换传播，由此来体现语言交际的特征。因此，翻译教学必须建立特色鲜明的教学模式，不能只是按照外语教学模式来进行教学。

2. 缺乏语篇意识的培养

英汉思维差异是影响英语翻译水准的重要因素。当前，许多高校学生持有"汉语式"翻译思想，即以汉语的思维表述方式来翻译英语语言，这会直接影响英语语言原有的逻辑。虽然绝大多数高校教师已经开始帮助学生改善翻译思维模式，但仍缺乏对学生语篇意识的培养。按照汉语思维模式，学生会从整体视角分析语篇，然后从中提取中心逻辑思想，但如果将英语语篇译为汉语语篇，就需要按照英语思维模式，在语篇开头部分提取中心逻辑思想。所以，缺乏语篇意识的培养会影响翻译课堂教学质量。

3. 缺乏对目的语国家的文化知识的积淀

语言翻译需要积累语言文化知识，包括对两国语言交际背景、文化发展背景和本土民俗风情的了解等。然而，当前我国翻译课堂教学仍较为注重翻译理论知识的讲解，与语言翻译相关的文化背景知识的课程则相对较少，导致部分学生的翻译质量或翻译水准不符合语言翻译要求。应该明确的是，语言翻译不仅只是将两国语言进行逻辑转化，更是将两国与语言相关的文化进行互换传播的过程。因此，我国高校英语翻译课堂要进行主动调适，多注重语言文化知识的传授。

4. 薄弱的汉语功底

语言翻译的标准是要符合话语逻辑，也就是在确保符合原话语传播意图的基础上，使所译语言符合接收者的接收逻辑思维。当前，我国部分高校学生语言基础功底较为薄弱，汉语文化知识积累较少，在组织语言翻译逻辑时，有时会出现停顿的现象，这会影响整体的翻译水准。既然是英汉翻译教学，那么就要兼顾两种语言的组织表达能力培养，让学生能够流畅自如地进行语言翻译。

（二）翻译教学理论和实践的关系现状

帮助学生对翻译的原则形成较为健全的意识，并能使其自觉地将所学到的翻译知识运用于自己的翻译实践，是翻译教学最重要的目标之一。形成正确的翻译意识，需要以健全的翻译理论为基础性指导，并且要保证翻译理论能够中肯无误，符合翻译教学要求。和其他课程相比，翻译课的实践性较强。因此，翻译教学不能只局限在教师讲解或学生练习的单项活动的层面上，而应是教师讲解理论知识，学生进行实践练习。初学者在翻译课堂上所学习的理论知识一般只涉及翻译操作的一些基本知识和技巧。有的翻译教师会认为初级翻译课程没有太多内容可讲，因此会将大部分时间留给学生去进行英语翻译练习，导致翻译练习占用了课程的很多时间。所以，如何组织学生进行翻译练习，调动学生练习的积极性，激发学生的兴趣，让学生主动而不是被动地参与练习，这些都是翻译教师们需要摸索和探讨的问题。学生接受知识的能力存在一定的差异，因此选择翻译材料的难易等问题都会影响到教师的课堂组织与管理。学生在进行翻译实践的过程中，大部分没有将理论运用于实践中。因此，如何选择翻译材料就成为教师必须考虑的一个问题。如果翻译材料较为简单，就不易引起学生足够的重视；如果翻译材料太难，又会让学生失去翻译的兴趣，有时甚至会导致学生放弃翻译。可见，英语翻译教学中诸如此类的因素常常会直接或间接地造成教师的理论讲解和学生的实践练习结合不起来，或者使学生在实践中不能将已学的理论知识和实践结合起来，导致理论与实践相脱节。

（三）教学与测试的关系现状

各高校翻译教学所选教材或所设大纲，具有一定的差异性。在缺乏相对统一的翻译教学要求的情况下，各高校翻译教学重点呈现差异特征，并且测试学生翻译水平的标准也各不相同。翻译教学内容覆盖面较窄，翻译测试目的不明确，缺乏较为统一、客观、科学的评价体系的结果，且在测试中常常不会涉及学生翻译的技能测试，最终导致学生对所学内容不够重视，产生无法巩固所学知识的现象，即翻译教学和测试不同步。以高校英语四、六级考试为例，通过综合分析英语四、六级试卷，我们可以发现英语翻译测试在英语四、六级考试中所占的比重较低，英语翻译与英语听力及写作的比例不平衡，导致学生难以有效形成英语翻译意识。

（四）教学内容现状

随着科学技术的快速发展和社会的不断进步，今天我们处于一个经济、文化多元化发展的新时代，人们的思想意识和观念也随之产生了变化。这种社会氛围的改变使得学生的思想、个性也从根本上发生了深刻的改变，从而需要更丰富、更新鲜的教学内容来刺激他们的神经，激发他们的学习动力。然而，由于多数高校英语翻译专业教材更新进程慢，在一定程度上影响了学生的英语翻译能力的提高。如果只是注重沿用较为传统的翻译教学方法，那么会影响最终的翻译课堂教学质量。同时，能够反映时代信息的科技、外贸、影视、媒介、法律、军事等题材的教材很少。在这种情况下，学生不仅无法掌握更多的相关专业知识和专业术语，还会面临翻译学习和实践上的困难。

此外，有的学校给所有专业的学生配备了同一本翻译教材，但专业不同的学生对英语翻译的需求是不同的，因此，这种情况不仅不能满足各个专业的教学需求，反而会导致学生学不到和自己专业相关的语言知识，更不用说掌握更多的翻译技巧了，同时学生的学习兴趣会大大降低，其学习的积极主动性也会受到打击。可见，在现代社会环境下，英语翻译教材的内容是否全面，在很大程度上会影响学生的英语翻译学习以及英语翻译能力的培养和提高，因此，使英语翻译教学内容与时代同步已经成为发展英语翻译教学刻不容缓的重要举措。

（五）学生个人翻译素质现状

1. 学生个体素质的差异性对翻译教学的影响现状

许多高校将英语学科划为公共必修课，要求英语专业和非英语专业的学生必须修够英语课程学分。然而，由于高校生源质量不一，学生英语水平存在相应的差异，所以应该依据主体层次开展英语翻译教学。英语基础理论知识是英语翻译的先决条件，但仅掌握英语基础理论知识是不够的，学生应该具备综合运用英语基础知识的能力，即能够综合运用英语基础知识完成英语写作、英语阅读和英语交际等，如果学生只练习英语书面表达，那么则会影响其口语翻译能力，并且难以达到预期教学效果。

2. 学生的英语功底现状

（1）学生英语功底不扎实

近年来，我国高校不断扩招，然而如今学生的平均综合能力水平参差不齐。

学生英语基本功不扎实，不仅会直接影响到翻译课程教学的质量，也会给教师的翻译课程教学带来一定的困难。

由教育部及其相关部门编写的教育大纲对高校英语翻译专业的学生提出了相应的要求。然而，由于部分高校所选用的英语翻译教材具有差异，因此我国高校英语翻译教学发展缓慢。当前，英语翻译实践教学是强化英语翻译理论教学的关键，许多高校英语翻译专业的学生具备较高的书面表达能力，能够结合词汇语法等知识阅读英语篇章，并且也能根据要求书写英语短篇作文，但在英译汉过程中，受汉语思维的固有影响，部分学生所翻译的英语译文具有典型的"中式思维"特征，出现与原文逻辑相脱离的情况。因此，直译是最需要高校英语教师重点关注和解决的问题。英语翻译教学同样是语言教学的一部分，针对英语翻译教学中存在的问题，高校英语教师需要加强对学生实践性练习的训练，在原有理论基础上，改善学生的英语翻译应用能力。

翻译水准是检验个人语言综合运用能力的标准。通常来看，高校英语语言水平测试较为注重对学生听、写、读的培养与考评，即书面表达成绩占较高比重，而对学生说、译等交际方面的考评较少。

一方面，教师需要通过教学方法与要求培养学生的翻译能力；另一方面，学生也需端正语言学习态度，按照个人的学习方法或学习习惯等加强英语翻译训练，形成积极的学习观念。找寻方法是培养英语翻译的前提步骤，方法不正确，会影响英语翻译的质量。如果只是注重死记硬背，反而会限制个人英语翻译思维的发展；如果只是靠刷题型或模板，也会使个人英语翻译能力发展缓慢。提高英语翻译应用水平，需要将理论与实际结合起来，注重提升个人语言交际能力，在交际中建构英式语言交流与表达思维，进而提高个人英语翻译水准。

（2）学生对英语文化不甚了解

目前，我国的学生对英语文化知识的了解较少，这也是使他们在进行英语翻译时频频发生失误的重要原因。

调查发现，现阶段我国大批院校在英语翻译的教学中对与英语相关的文化知识的教授重视不够，这就使得学生对西方民族文化的习惯、信仰以及价值观等方面的背景知识文化不甚了解；同时，在英语翻译学习中，学生也没有进一步地去了解英语单词在不同句子中的不同意思，所以只会按照字面上的意思去进行英语翻译。举例来说，英语单词 help 最普遍的意思是"帮助"，但是它在不同的句子里有不同的解释，拿"Please help yourself to some pork"这个句子来说，意思是说"请随便吃点儿肉"，help 在这里充当的是句式的一部分，因此不能拿来单独翻译；"The medicine helps a cold"这个句子指的是"这种药可治疗感冒"，可见在这个句子里也不能直接地将 help 翻译成"帮助"，而要依据上下文的意思进行翻译，在这里译成"治疗"就比"帮助"更加确切。因为学生们对西方文化缺乏一定的了解，再加上受到汉语语言习惯和思维惯性的影响，在具体的英语翻译实践中，常常会造成对英语的误解，致使出现翻译语误。例如在"You are a lucky dog"这个句子中就不能将 lucky dog 翻译成"幸运狗"，而应将其翻译成"幸运儿"，之所以这么翻译，是因为在西方国家里，狗被看成人们的好朋友。此外，在学习英语翻译的过程中，学生也常常会因为对西方语言环境及文化的不了解，而译出一些中国式的英语，从而闹出笑话，类似的例子有将"好好学习，天天向上"翻译成"good good study, day day up"，将"给点儿颜色瞧瞧"翻译成"give some colour see see"等，产生这些现象的根本原因往往是学生对西方的思维方式、表达习惯等不了解。

3. 翻译能力欠缺的主要表现

（1）未能透彻地理解原文

准确地理解原语中心思想是翻译的前提。译者需要把握语言信息发出者的话语逻辑，然后在语言转化过程中，用语言信息接收者能够理解的思维逻辑将其翻译出来。英语翻译者需要准确地理解英式思维与中式思维的差异点，同时还要具备扎实的词汇基础，能够准确地进行英汉语言之间的翻译。例如：

He is the last person to tell a lie.

学生译文：他是最后一个说谎的人。

参考译文：他最不可能说谎。

last 除了有"最后的"意思外，还有"极不可能的""最不愿干的"等意思，在本句里 last 的意思应为后者。

His parents are dead against the marriage.

学生译文：他的双亲为了反对他的婚姻而死了。

参考译文：他的双亲坚决反对他的婚姻。

如果把这句中的 dead 看作形容词，势必会导致错译。其实这里的 dead 是副词，修饰介词短语 against the marriage，不是"死"的意思，相当于 completely，意思是"完全地"，这里可译为"坚决"。

结合例子来分析不难看出，学生在翻译过程中时常出现错译现象，这是由于学生尚未完全形成英语思维，并且缺乏牢固的英语知识基础。

（2）缺乏基本的翻译技能，硬译、死译现象严重

硬译或死译是指学生在语言转化过程中出现的直接翻译现象。部分学生为保证原文或原话逻辑通顺，会选择使用直接翻译的方法。然而，语言翻译需要懂得灵活变通，也就是要在不产生逻辑错误的基础上，对句子灵活翻译，以确保翻译效果。

Rocket research has confirmed a strange fact that had already been suspected there is a "high temperature belt" in the atmosphere, with its center roughly thirty miles above the ground.

学生译文：用火箭进行研究证实了人们早就有过怀疑的大气层的一个中心在距离地面约 30 英里的高空的"高温带"的这种奇怪的事实。

参考译文：人们早就怀疑，大气层中有一个"高温带"，其中心在距离地面约 30 英里的高空。在利用火箭进行研究后，这一奇异的事实已经得到证实。

英语定语从句使用频率较高，而汉语中则不存在使用定语从句的情况。在英译汉过程中，学生尤其需要关注英语中出现的定语从句，使翻译的英语定语从句符合汉语思维逻辑，不能进行简单的直译。学生可以尝试将英语定语从句拆开来翻译，将其进行结构化。

He was considered quite qualified for the job.

学生译文：他被认为很适合做这项工作。

英语定语从句中常见的就是被动结构，许多学生较为注重语言翻译后是否出现"被"字。按照汉语逻辑表达思维，英语原文中所出现的被动语态，其实等同

于汉语中的主动语态。所以，在英译汉时，学生可以将英语被动语态转为汉语主动语态。结合例句分析，可以看出是常见的定语被动语态结构，参考学生译文，学生所使用的"被"字，直接限制了汉语的逻辑表达，使翻译的话语显得过于生硬。所以，学生不妨将原文中的被动语态转为汉语的主动语态，通过增设汉语的语助词来完善逻辑表达。

It's a gloomy thing, however, to talk about one's own past, with the day breaking. Turn me to some other direction before I go.

学生译文：不过，一大早就谈个人的往事，真扫兴。在我离开以前，把我转到别的方向吧。

原文中出现"Turn me to some other direction before I go..."，而学生将其译为"在我离开以前，把我转到别的方向吧"，这种汉语表达逻辑显然不符合国人的阅读习惯，显得有些晦涩难懂。显然，直译反而会限制表达逻辑。因此，在英译汉过程中，学生需要根据上下文准确地理解原文含义，并使用汉语词汇将其准确地翻译出来。例如，学生可按照汉语逻辑思维，将原文译为"我走之前，谈点儿别的吧"这样更为直接易懂。

综合上述例子不难看出，学生在英译汉过程中较常出现直译、死译等问题，这需要学生反复训练个人语言逻辑思维。

（六）教师素质现状

高校英语教师队伍素质不一，同样会影响高校英语翻译教学质量。通常来看，高校英语教师仍较为注重英语翻译理论教学，忽略对英语翻译实践运用的指导。英语翻译实践是把握学生英语翻译水准的关键，如果缺乏对英语翻译实践教学指导，反而会影响学生英语翻译能力的有效提升。此外，高校英语教师较为缺乏对自身翻译能力提升的要求，这样也会影响高校英语翻译教学的质量。高校英语翻译教学是语言翻译教学的重要组成部分，是适应国家高等教育现代化和开放型经济建设的体现。随着高校招生规模的逐渐扩大，高校英语教师队伍却存在"停留原地"的发展状况，部分高校英语教师和学生的数量之比已达1∶130，师资教学比例差距过大直接影响英语翻译教学质量。在缺乏有效性、针对性指导的情况下，高校英语翻译教学任务急需化解。

（七）翻译教材现状

目前的翻译教材一般都会涉及翻译理论知识（翻译技巧和基本技能）的讲解，而这些基本理论的讲解对翻译的初学者来说是非常必要的，俗话说"没有规矩，不成方圆"，对于初学者来说，如果没有一定的翻译技巧和技能的指导与制约，他们便不知道如何才能更好地翻译，也不知道自己的翻译是好是坏。然而，目前高校所使用的翻译教材不太容易进行举例教学，且其中的文学类例子较多，对于翻译初学者来说较为困难，而适合他们的简单的、基本的例子则相对较少。同时这些教材还存在一定的滞后性，教材内容有些滞后于时代的发展，缺乏合适的、时代性强的、信息性强的翻译例子。在这样的情况下，学生会因为教材内容较难或较乏味，不能引起他们学习英语翻译的兴趣而厌学。

从现有的考评体系来分析，高校英语测验以读、写能力为主，而听、译所占比重较小。因此，高校英语读、写教材使用范围广，所占比重较大。针对学生英语听、译教学训练，缺乏相应的辅助性指导教材。高校英语翻译教学是以培养学生听、译语言转化能力为目标，在固有的教学原则下，要适当开展实践性指导训练，在语言交际中提升学生的语言应用水平，加强学生英译汉翻译能力的培养。当然，英语翻译理论教材是指导英语翻译实践教学的基础，高校英语教师可以有针对性地选择英语翻译理论教材，对学生的英语翻译理论基础进行强化训练。总之，高校英语翻译教学，需要借助相应的翻译指导教材。

二、对存在的问题进行分析

英语是全世界使用最广泛的语言之一，在对外交流、学习和借鉴国外先进科技成果以及日常生活中都发挥着越来越重要的作用。

基于此种影响，社会企业机构在选用高校人才时，会适当考察学生的英语水准。特别是从事外贸相关的服务型企业组织，会着重考察学生的英语交际能力，看学生能否较为流畅地进行语言翻译。目前来看，由于缺少常规性的英语交际实践训练，部分高校学生难以达到企业组织的要求，即缺少较强的语言翻译能力，而是具备较强的英语书面应用能力。受英汉思维差异的影响，高校学生在英译汉时会出现语言逻辑组织方面的问题，如直译导致的语言生涩问题等。根据国家教育部门颁布的《大学英语课程教学要求》，高校英语教学要以培养学生的语言综合应用能力为目标。这表明，高校英语教学不仅要重视培养学生的书面能力，还要兼顾对学生交际能力的培养。尤其是在时代融合发展的背景下，国家之间的交流程度呈现高度加深的特征，高校英语教学更要重视对学生英汉翻译能力的指导训练。结合当前高校英语翻译教学现状，高校英语翻译教学中主要存在以下几方面的问题：

（一）大学英语翻译教学地位薄弱

在现有的高校英语教学体系中，英语翻译专业教学仍较为薄弱。高校英语教师对翻译教学的专业性指导存在疏漏，导致学生未能形成系统的英语综合应用体系，英语翻译水准有待加强。根据现有的英语翻译教学指导思想，高校英语教学应该重视培养学生语言综合应用能力，不能轻视翻译教学的作用，从而影响学生语言综合应用能力的培养。高校英语翻译教学是高校英语教学体系的组成部分，其地位不容忽视。国家对高校英语课程的性质提出明确要求，即高校英语课程需以必修课的形式贯穿整个大学阶段。按照此要求，各高校均制定了针对英语教学的规划。然而，高校设置的必修课程只是对学生进行理论知识的系统性教学，其教学目标是使学生积累一定的词汇语法知识、具备读写能力；学生听、说能力培养则是以选修课的形式开展的，如英语口语课程、英语翻译理论与实践课程等。因为高校对必修课和选修课设定的教学标准不同，所以一些高校学生会更加重视必修课程的学习，而不重视选修课程的学习，这不仅会影响学生语言综合应用能力的提高，同时还会影响学生翻译水准的提高。因此，高校需要着重提高英语翻译课程的地位。

不能否认，高校英语必修课程是学生理论体系建立的基础，但如果缺乏相应的实践应用指导，那么就会导致学生的英语理论知识水平无法提高。近年来，社会机构组织广泛需要各种类型的外语专业人才，尤其需要以英语为主的专业性人才。这些机构组织在选用英语人才时，会全面考察毕业生的书面能力和交际能力，其中就包括个人翻译水准。高校英语翻译教学是为国家、为社会培养英语翻译人才做准备的，这就需要高校英语教师采取正确的翻译教学方法，在巩固夯实学生翻译理论基础的同时，开展多元化的英语翻译教学运用实践，指导学生学会正确处理语言逻辑组织与表达。

（二）对翻译和翻译教学的错误认识

英语翻译不是单纯地把原文或原语以直译的方式进行转化。当前，部分高校英语教师把翻译教学作为一门理论课程，只为学生讲授大量的词汇语法知识，使学生掌握听、说、读、写技能，从而忽略英语翻译教学实践部分。其实，英语翻译是需要将理论与实践相结合的教学，英语翻译实践教学应该作为翻译教学体系的重要组成部分。在现阶段，开设专业性的英语翻译教学课程，能够有效提升高校学生英语翻译的基础能力。在进行英语课堂教学时，教师不仅要向学生讲授英语翻译的基础语言知识、理论和技巧，同时也要指导学生根据所学内容开展大量的实践性翻译练习，从而将翻译的理论知识与翻译实践活动结合到一起，提高学生的综合语言运用能力。因此，我们要将英语翻译教学放在高校英语教学的主体位置上。

早在2004年，我国教育部就专门针对英语课程教学提出明确要求：应该系统地培养学生英语综合应用能力，着重提高学生的英语听、说能力。在此要求下，我国英语课程有了明确的教学目标，学生的英语听、说水平得到有效提升。但在基础教育阶段，学生英语应用素养未能得到明显改善，其听、说能力是在高等教育阶段得到强化的。在高校英语课程教学安排中，基础性的英语水平训练主要包括阅读和书写两方面，其中，目前高校英语课程教学更注重书写方面的训练。但是，如果想全面提高学生的英语综合应用水平，那就必须同样重视对学生听、说能力的培养，而培养学生的听、说能力需要将翻译教学作为英语教学的主体。当然，读、写能力是听、说能力的基础，语言的转化是建立在对符号认知的基础上的，这就表明英语翻译需要巩固基础的读、写能力，掌握基础的词汇语法等知识，进而全面、准确地完成最终的语言转化（即从语言输入到语言输出的全过程）。英语翻译教学是涵盖英语听、说、读、写的全方面教学，从接收英语语言信息开始，英语翻译者就需要整体地把握语言信息发出者的意图，根据已有的知识结构体系，按照符合语言信息接收者的逻辑转化英语信息，以此保证语言双方的交际活动能够正常开展。

（三）大学英语翻译教学的课程设置与课时比例不合理

高校英语课程是各专业学生的必修课程，基础性的英语知识讲授使得高校学生具备一定的英语应用基础。然而，通过研究各高校英语课程设置与课时安排比例可发现，二者的比例存在一定的矛盾，即学生在课堂系统学习英语的时间较短，英语课程设置占比较小。目前，在英语课程设置中，有关英语读、写的课程教学所占比例较大，而有关英语听、说的课程教学所占比例则较小。此外，英语翻译仍被划为选修课程，除英语专业之外的学生，其他专业的学生对英语翻译课程的重视程度有待加强。当然，这种较为缺乏合理性的课程设置，在一定程度上会影响高校英语翻译教学的质量，进而影响学生的英语翻译水平。

（四）教学观念保守，教学模式滞后

语言知识是处于时刻更新中的，针对英语翻译展开的语言教学，应该及时地优化英语翻译教学方式方法。在倡导"以生为本"的素质教育的大背景下，高校英语翻译课堂教学需要确立以学生为主体的教学观念，加强实践性教学部分，在注重讲授英语翻译理论知识的基础上，适当增加英语翻译实践应用的比例，让学生能够在英语翻译实践应用中发现自己的不足之处，同时增加英语翻译课堂的互动性。应该明确的一点是，高校学生已经具有较为独立的学习能力，如何依据学生的自主学习能力开展英语翻译教学是英语教师需要重点研究的内容之一。英语翻译教学模式是保证英语翻译教学质量的基础，然而，单向性的传统教学模式仍然广泛存在，由学生提出问题，再由教师解答问题，这种缺乏互动性的教学模式导致教学质量长期处于缓慢增长阶段。在互联网教学工具日益普及应用的背景下，高校学生使用语言翻译工具的频率逐渐提高，对语言翻译工具的依赖性反而会影响个人翻译水平的提高，高校英语翻译教师需要引导学生对语言翻译工具形成正确的使用态度。

实际上，现阶段我国各学科教学模式仍是以单向性为主，英语翻译课堂教学

同样如此。有研究显示，教学模式是影响教学质量的关键因素。如果高校英语翻译教学模式过于传统，反而会限制学生的翻译思维，最终影响学生翻译水平。课堂互动是优化教学模式的措施，能为提高教学质量奠定基础。英语翻译本质是两种语言之间的转换，这种转换以逻辑为前提，即保证语言逻辑符合语言双方的思维认知。英语翻译教学需要提高课堂互动性，改变传统的单向性课堂教学模式，增加师生或生生之间的互动，使课堂氛围保持较为活跃的状态。在现阶段，英语翻译多被设定为选修课程，让许多学生集中在一间教室中学习，如果该课堂缺少互动性，那么就会影响最终的教学氛围，从而导致教师对学生的翻译水平掌握不足，学生的翻译思维能力也无法得到有效改善。

（五）在学生学习态度和方法方面的问题

如前所述，高校学生对语言翻译工具的依赖性逐渐加强，这会导致学生对学习语言翻译知识的兴趣降低。英语翻译教学是英语教学的重要组成部分，在展开英语翻译教学时，学生的学习态度需要教师重点关注。在学分制主导下，学生为保证能够完成必修课程的学习任务，往往会把英语学科学习的重点放在读、写训练中。这种重书面表达，轻口语交际的现象，会对学生的翻译水平产生直接影响。针对英语翻译进行的训练也是建立在整体英语训练体系中，英语翻译并未形成独立的训练体系，学生对英语翻译的重视程度也就直接降低，进而影响英语翻译质量。英语翻译的评价体系应该是系统而全面的，如果仅按照硬性翻译的标准去考核学生的学习成果，那么反而会降低学生的学习兴趣，导致学生学习态度变得消极。学会多种英语翻译方法同样对英语翻译质量的提升有所帮助，所以，高校学生不能仅从直译的角度来理解语言翻译，还要建立语言逻辑关系，使语句通顺并符合原语或原文主旨意图，这样才能保证语言转换的合理进行。

（六）翻译的理论知识传授得不够

语言翻译需要以知识结构框架为基础，在经过大量的翻译理论知识讲解后，学生需要结合实际素材或案例进行翻译训练。英语作为通用性语言，应该要求学生掌握系统、全面的英语理论知识，高校英语翻译教师需要按照相应的教学方法完成理论与技巧的讲解。当然，英语翻译理论知识传授是循序渐进的过程，可以先从"直译法"来培养学生的英语翻译基础,但不能将此种方法作为唯一的英语讲授内容。英语翻译不仅是单纯地对学科理论知识的学习,还是一种跨语言交际的应用活动。掌握系统的英语翻译理论知识是开展语言交际应用活动的保证,高校英语教师应该及时地更新英语翻译理论知识讲解内容。当前,"重理论、轻实践"的英语翻译理论教学导致二者脱节严重,这是众多高校较为普遍存在的问题。解决这一问题需要高校教师及高校教学管理者共同发力,完善英语翻译教学体系。

(七)大学英语翻译教学的师资力量薄弱

专业课程设置会影响师资力量的投入,由于高校英语翻译专业所占比重较小,所以高校缺乏较为科学合理的师资队伍结构。总体而言,部分高校英语教师队伍仍偏向英语基础教学,这会直接导致英语翻译教学队伍结构比例失衡。此外,高校英语教学考核体系缺乏适时调整,英语教师会按照已有的考核指标开展,教学但这些指标不一定能适用于目前的教学内容;又因为英语翻译教学考核比重在英语教学考核体系中占比较小,所以英语翻译教学的师资力量较为薄弱。英语翻译需要专业性的理论知识讲解为支撑,但高校英语教学队伍中较为缺乏专业性的英语翻译教师,无法全面系统地讲解英语翻译理论知识,也就无法有效精准地把握学生学习英语翻译知识的能力和效果。当前,部分学校开始适当延长英语翻译课程的教学时长,但由于没有配备专业性的教学队伍,所以学生的英语翻译水平也就处于缓慢发展状态。因此,调整高校英语翻译教学队伍结构成为高校教学管理者的重点任务。

三、翻译教学创新发展策略

(一)实施翻译理论和翻译实践相结合的教学

翻译是一个动态的译者思考和决策的过程。掌握翻译思维逻辑是学习语言翻译的重点和难点。要想保证翻译思维逻辑清晰合理,就需要学会运用恰当的翻译方法或技巧。当然,翻译方法或技巧因人而异,每个人都会有自成一派的翻译风格。高校英语翻译教师首先要保证学生能够系统全面地掌握基础性的词汇语法知识;其次再结合相应的实践活动,让学生合理地运用理论知识。

第四章　英语翻译教学的创新发展

翻译是一门技巧，需要不断的训练才能够不断完善。英语翻译具有相应的语言技巧，这需要学生从英语翻译实践中获得。英语翻译是为语言交际服务的，如果仅掌握英语翻译理论知识，而缺乏大量的英语翻译实践活动，则会影响学生的英语翻译知识学习效果。为保证英语翻译训练的实效性，高校英语教师可结合其他学科开展翻译教学，使学生能够广泛地积累其他相关学科的知识，从而更好地为英语语言翻译服务。英语翻译实践素材应该涵盖多方面，这是由语言交际的社会性决定的。如果想强化学生的书面翻译能力，则应该注意从实用性角度出发，要求学生注意书面翻译的逻辑，保证所翻译的语言畅通，同时也需要求学生在平时多读一些翻译著作，从中体会翻译心得。

1. 关联理论与翻译

（1）关联理论

关联理论是由语用学家斯伯博（Sperber）和威尔森（Wilson）联合创立的，这一理论结合了认知科学与语言哲学、人类行为学的研究成果，对包括语用学在内的诸多学科产生了较为积极的影响，成为翻译教学所采用的主要理论之一。格特（Gutt）对关联理论进行了进一步的研究，在《翻译与关联：认知与语境》中对关联理论的最新研究成果进行了阐述。此外，这本书介绍了格特对翻译的认识，并结合原有的关联理论提出关联翻译理论，成为后人开展翻译研究的基础。

根据关联理论，语篇内部各要素之间存在的关联性会影响读者对语篇的整体认知。也就是说，如果语篇内部各语句段落存在衔接关系，那么读者就能够较为清晰地理解语篇的主旨要义，也就能更好地把握话语者的意图，进而将此意图全面准确地传递给第三方。当然，所谓的关联性并不是越多越好，过多的关联性反而会影响语篇表达质量，降低文章的可读性。准确地恰当地运用关联，将语篇中心主题以"润物细无声"的方式传递给读者，会增加语篇的表达效果。因此，从关联性角度来分析，语篇创作或翻译需要寻求与读者的沟通，即能够将语篇要义与读者阅读动机建立关联，在保证读者能够准确地梳理语篇脉络的同时，使读者获得最佳的阅读感受或体验。在语篇内部结构要素中，单一的要素组成结构会降低读者的阅读难度，帮助读者更加快速、准确地掌握语篇的表达思想或情感，而相互串联的要素结构，则会增加语篇表达的深意，进而启发读者进行推理思考。

所以，关联性是评价语篇质量的关键因素。

关联理论认为，在具体的话语情境中，语言信息的发出者和语言信息的接收者之间存在一种相互衔接或对应的关系，这种关系是基于信息为中介形成的产物。由语言双向交流形成的话语情境就是语境。语境是虚拟存在的，是语言双方在相互传达或接收信息过程中形成的特定假设，无论是书面交际还是口语交际，都会产生语境。根据语境推测话语者的意图，则是会话的意义。关联性假设是建立在语境推测基础上的，由关联性假设形成的某种推断，即是知识或经验。

语言交际是语言信息交换的过程，这一过程需要交际双方判断彼此的意图。当语言信息接收者接收某一信息时，会按照自身的语言思维逻辑来掌握其关键部分，也就是找出与自身接收意图相关联的信息，然后再结合已有的知识对其进行语言加工，将加工所得的信息以串联的方式反馈给信息发出者，这一过程需要在语境中进行。这表明，语言交际是建立在信息互动和语境生成的基础上的，并且根据信息和语境来做思维逻辑判断。语言翻译的实质是对语言信息的二次加工，在不脱离原话语主旨意图的情况下，要保证信息传递能够准确、合理。通常来看，信息接收者会根据话语中的关联性部分来作反馈，这种关联性部分就是明示刺激（ostensive stimuli），在明示刺激的作用下，信息接收者可对信息发出者提出的问题作快速判断和反馈，在这个过程中，信息接收者会在脑海中建立认知语境。语言翻译要求译者将具有关联性的信息串联起来，并且要按照信息接收者的思维逻辑，进行合理的语言转换，这样才能保证语言交际活动的顺利开展。当然，这需要译者准确地理解信息发出者的意图。认知语境是双方建立语言交际的基础，而译者需要在认知语境中将信息进行二次加工，也就是运用已有的词汇或语法等知识对信息进行转化。

关联理论认为语境不是在话语生成之前预先确定的，而是听话者在话语理解过程中不断选择的结果，会随着交际过程的发展而不断发展和变更。语境是一系列假设，是一个大范围的概念。在话语理解的过程中也使那些相关的语境被激活，并使译者通过推理作出判断。要使交际成功，就要寻找话语与语境之间的最佳关联，也就是要找到对方话语同语境假设的最佳关联，通过推理推断出对方的意图，最终获得语境效果。制约相关性的两大因素就是语境效果与推理努力。语境效果大，推理时所付出的努力小，关联性就强，反之亦然。由于认知语境是因人而异的，对同一话语的推理往往也有不同的暗含结果。

翻译是双向性的语言交际活动，翻译人员既是信息的接收者，又是信息的发出者。当然，翻译人员需要对语言信息进行加工转换，保证语言信息转述符合信息接收者的思维逻辑。认知语境是语言翻译的加工场所，翻译技巧和情感为认知语境的建立提供了有力支持。当语言翻译实现呈现出交际特征时，翻译人员需要将关联性的信息着重展现出来，这是因为关联性的信息是主导语言交际的核心，即关联性信息是推动语言交际的"催化物"。关联性信息的获取需要翻译人员形成正确的认知语境，这样才能保证关联性信息的正确性。在实际翻译过程中，语言信息的交换存在动态变化的特点，这就使翻译人员的认知语境也时刻处于重构中，但由于关联性信息的存在，语言翻译的内容并不会与信息发出者的原意有明显差错。成功的翻译建立在对关联性信息的获取上，翻译的动态性和波动性虽然不能保证翻译内容的趋同性，但能够使信息接收者获取正确的信息。这表明，翻译的效果取决于翻译人员对关联性信息的把握程度，要想保证语言翻译质量，就要掌握获取关联性信息的技巧或方式。

翻译人员需要对语言翻译有正确的认知，要准确地掌握原话语的关联性信息，通过分析原话语关联性信息的主旨意图，在建构认知语境的基础上对语言信息进行加工、转换。总体而言，语言翻译不要求所翻译的内容与原话语或原文的内容完全一致，但要保持两者之间关联性信息的相近，这样才能保证自己发出的信息被信息接收者准确地理解，进而推动语言交际活动的进展。

语义趋同是指对语言引申含义的把握。由于语言表达形式具有丰富性的特征，语义可分为两层：表层语义和引申语义。表层语义是通过直接翻译形成的含义，引申语义需要通过推理才能准确地识别。要想把握语义的引申特征，就需要翻译人员形成正确的认知语境，通过结合关联性信息来推断语义的引申层面，进而使信息接收者能够准确地理解原话语或原文的含义。从翻译的本质特征来看，翻译质量是由语义和语用二者的趋同决定的，也就是翻译时必须将语义和语用建立联系，进而合理地分析出信息发出者的主旨意图。如果仅凭借单方面的语义分析，则会影响最终的翻译质量或翻译效果，造成误解原著意图的现象。例如：

John can be relied on. He eats no fish and plays the game.

约翰是可靠的。他不吃鱼，还玩儿游戏。

例句在语言形式和词的规约意义上都趋同于原文，可称为语义趋同，但它没有传达出作者的意图。译者没有结合上下文语境，根据关联原则调用潜在认知语境：英国历史上，旧教规定斋日（星期五）只许吃鱼，当旧教被新教推翻后，新教徒拒绝在斋日吃鱼，表示忠于新教，"不吃鱼"就开始带有"忠诚"之意。"玩儿游戏"必须遵守游戏规则，因而就有"遵守规则"之意。所以，通过上文"relied on"这一语境和"eats no fish and plays the game"的隐含意义，该句完全可以译为：约翰忠实可靠，凡事都循规蹈矩。

（2）关联理论在翻译教学中的作用

关联理论对翻译教学有很大启示，它告诉人们，要想做好翻译，先要理解原文。根据关联理论，译者要准确无误地理解原文的语境，根据语境作出认知假设，找出原文与认知假设间的最佳关联，从而理解原文语境效果。寻找关联要靠译者的百科知识、原文语言提供的逻辑信息和词语信息。因此，寻找关联就是认识推理的理解过程。更为重要的是，翻译中存在着作者——译者——读者的三元关系，原文作者和译者的认知环境不同，作者力图实现的语境效果同译者从原文和语境中寻找关联而获得的语境毕竟是两回事。这样一来，原文信息和译文传达的信息就不可能完全对等，翻译只能做到"达义""对体""求形"。所谓"达义"，就是正确地表达原文的意义，意义是交际的核心内容，意义的篡改、歪曲，谈不上是在翻译，只有准确无误地表达原文的意义才是翻译的首要任务。无论是明说还是暗含，意义的语码转换是可行的。"意义"包括两方面的意思，一个是"意"，一个是"义"。"意"是指意图，原文作者的意图，翻译就是译意。"对体"是指文体和体裁。在翻译中，两种语言的体裁要相吻合，诗歌绝不可译成散文，戏剧绝不可译成小说。也应该注重语体和文体，美国语言学家马丁·朱斯（Martin Joos）的"五只钟"理论对翻译很有参考价值。

综上所述，关联理论对外语教材的编写、词汇的记忆、阅读理解教学、翻译等有着十分重要的借鉴意义，语言教师应学点儿语言学，改进教学方法，掌握教学技巧，培养更优秀的人才。

2. 认知语言学意义观与翻译教学
(1) 认知语言学意义观

传统的意义观主要包括指称论、使用论、行为主义论、真值条件论、概念论、成分论等。这些意义观是四种主要语言学范式的意义观的具体体现，这四种语言学范式分别为传统哲学、对比语言学、结构主义语言学和转换深层语法。这四种语言学范式虽有其不足之处，但都属于客观主义语言学范畴。语言学博士莱考夫（Lakoff）曾严厉地批判了这一语言学范畴。他们指出客观主义语言学对于意义的核心观点是语言对现实世界的直接的镜像反映，意义来自语言本身，现实世界可以通过语言的意义得到准确的理解。[①]

认知语言学则与客观主义语言学持明显不同的观点，认知语言学认为意义不是来自语言本身，而是来自对体验的理解。语言仅仅只是起激活意义的作用，语言与意义之间是导引与被导引的关系，而意义就是概念化。具体地说，意义存在于人们的大脑中，而不是语言中，语言的作用只是激活意义和其所属的概念框架。意义或概念化存在于现实世界和概念结构之间的人类认知过程的结果中，而认知过程是指人类识解现实世界的过程，因此，意义或概念化是人类用识解方式感知、体验现实世界过程的结果，每一层意义不仅包括具体的概念内容，还含有相应的识解方式。

另外，为了说明认知语言学的意义观，句子尤其是被动句常常用来作为说明例子。在此，必须指出这一做法大大局限了普通读者对认知语言学语义观的理解，甚至会使其误认为认知语言学语义观只适用于句法层面。事实上，词汇和句法都可用来示例这一意义观，因为两者之间没有明显的区分。词和句子形成了一个符号元素的连续体，这就意味着词和句法都是语言构造，都可以构造该概念或场景，赋予概念或场景识解方式。名词属于词的范畴，由此可推导出每一个指称概念的名词实际上都体现了相应的识解方式。

(2) 认知语言学意义观对名词翻译教学的启示

在具体名词翻译教学过程中，教师首先需结合认知语言学意义观探索出具体的名词翻译原则，其次在此原则的指导下，采取引导的方式与学生探讨具体名词

---

① 乔治·莱考夫. 我们赖以生存的隐喻 [M]. 杭州：浙江大学出版社，2015.

的翻译。

如上所述，意义由概念内容和识解方式构成，译者在用某一名词激活某一意义的同时也是在选择某一意象、构建某一场景，而翻译的实质就是在目的语中再现源语的意义。据此，我们可以总结出翻译名词的原则，即名词翻译应该以认知意义为导向，将意义的概念内容和识解方式在目的语中进行再现。然而，词本身所具有的特点使得这一名词翻译准则的具体实施困难重重。与句子相比，词虽与句子构成一个连续体，两者没有明确的界限，但是词在结构上比句子稳定，而句子较灵活，更具有兼容性的优点。因此，如果按照上述翻译原则把汉语名词直接翻译到英语里，结果就会是：虽然原词所激活的概念内容和识解方式在英语里得到体现，但有可能在英语里无法激活与在汉语里一样的概念，甚至会导致误解。反之亦然。因为汉英两种语言在概念化同一实体时所采用的识解方式完全不同，自然无法激活同一概念。如"床头柜"，如果根据上述翻译原则把其译为 bed—head cabinet，就很有可能在英语读者头脑里激活的是像衣柜那样的物体，而不是摆在床边的小桌子。因此，以上提出的名词翻译原则只是描述了一种理想状态，考虑到原语意义的成功传递和目的与读者的理解两个因素，名词翻译原则应进一步修正为：在翻译名词时，译者应该尽量在目的语中再现源名词的概念内容和识解方式，若无法达到两者的同时再现，译者应该舍弃源名词的识解方式，而选择与目的语一致的识解方式。

（二）注重对语篇意识的培养

语篇意识是决定翻译质量的主体要素。对翻译人员来说，在面对繁杂艰巨的翻译任务时，要形成整体性的语篇意识，从语篇角度出发来把握原著的表达意图。例如，在翻译短篇文章时，翻译人员可尝试建构整体性的翻译体系，将各段落之间的关联特征串联起来，进而组织语言转换的思维逻辑，将短篇文章的主旨思想或情感合理地表现出来。通常而言，在英语语篇翻译中，不同文体的英语语篇有其特有的翻译技巧。也就是说，英语语篇文体不同，所使用的翻译策略也会不同。英语语篇中较为常见的文体可分为三种，即记叙文、议论文和说明文。其中，记叙文和议论文较偏向个人思想情感的表达，如果翻译人员没有阅读整篇文章，那么可能就会对原作者的意图把握出现偏差。说明文则较偏向理论科学研究方面，翻译人员必须对其中的每处引用进行详细的考究，并且对一些专有名词解释进行完整的转述，不能按照个人理解的方式进行翻译。

(三) 加强对目的语国家文化知识的学习

翻译是语言交际的过程，翻译不仅是将两种语言进行互译，还是将两种不同文化进行彼此交融。高校英语翻译教学需要涵盖文化知识讲解的部分，引导学生积极学习不同国家、地域或民族间的文化知识，以丰富的语言文化素养为基础，有效促进语言翻译交际活动的展开。当前，技术的进步为文化知识的传播提供了有力支持，高校学生可从互联网中学习各地域的文化知识，掌握各地域语言文化的独有特征。无论是汉语、英语还是其他类型的语言，都具有自身的文化背景，因此，译者要在认清文化背景的前提下开展跨语言翻译交际活动，增进语言文化互动。语言文化的学习途径可分为多种，但不管哪种学习途径，都会要求译者对语言文化知识进行充分积累，并且能够将所积累的语言文化知识运用在语言翻译中。

第二节 英语翻译教学内容的创新

一、英语翻译教学内容的应用研究

2002 年以来，教育部颁布了一系列学校教学改革的文件，提出了新时期学校改革与发展的目标任务和政策措施，明确了"以全面素质为基础，以职业能力为本位"的教学指导思想。那么，学校应采取有效措施，提高英语教学质量，以适应学生终身学习的实际需求。

(一) 结合教材内容，优化课堂教学结构

大学英语新教材在内容编排上遵循了"题材、功能、结构、任务"的原则，教学内容更接近实际生活与工作，拉近与学生的距离。学校应采用开放灵活的教材结构，重点突出其职业特色，满足各层次学生的不同需求。一方面，教材根

据现实生活中交际目的的需要，采用话题式的教学方法，把复杂的英语词汇与听、说、读、写技能紧密结合起来。每个教学单元中包括 Listening，Speaking，Reading，Writing 以及 Language in use，Unit Task 和 Self-check 几个部分，突出英语学习的实用性，积累了学生的英语话题词汇量。另一方面，教材的编写注重英语教学循序渐进的原则，按照学生的学习规律，满足学生个性发展的需要。教材强调了中学、大学英语的衔接，每课时复习、巩固对英语语法、词汇、句子的运用，提高学生的综合语言运用能力。通过任务式的教学方式，让学生主动参与教学过程，可以激发学生的学习兴趣，体验学习英语的成就感，从而提高课堂教学效率，为教师开展英语课堂教学打下良好基础。

（二）创设情境，提高学生实际运用能力

以就业为导向是学校教育的办学方针，培养和提高学生的英语综合能力，尤其是听、说的能力，使他们能在现实生活中灵活运用书本知识是英语教学的首要目标。这就要求教师要运用多种手段创设情境，认真组织和安排教学内容，改变学生传统的学习方式，让课堂教学生活化，引导学生积极参与英语教学实践活动，让学生在愉快和自信的情绪中保持积极的学习态度，养成创新性思维的习惯，主动学习英语、运用英语，进而有效地落实教学内容，实现教学目标，提高学生英语实际运用能力。通过拓展教学，学生能够轻松地理解书中的知识，牢固地掌握要点，完善理论知识，也学会在实际生活中准确地运用。

（三）根据学生实际情况，实施分层教学

在英语教学过程中，不同学生的英语基础和学习掌握能力参差不齐，这就要求教师要根据具体情况，采取因材施教的分层教学法，最大限度地提高学生的英语成绩。教师要以学生为本，考虑学生不同的性格、特点，了解其英语学习的实际情况，从学生发展的角度出发来进行教学，充分调动学生的积极主动性。另外，在英语教学中，还需创造一个和谐、宽松的学习氛围，鼓励学生之间互帮互助，形成教师与学生、学生与学生之间教与学的良好互动局面。积极引导学生，加强"try"和"open your mouth"的教学训练，培养和提高学生的口语表达能力，激发学生学习的热情与信心。

综上所述，学校是培养应用型人才的中坚力量。大学英语的教学目标、教学理念和教材内容等方面，充分体现了现阶段英语教学对学生就业及终身学习具有重要的作用。这就要求教师要结合教材内容，优化课堂教学结构，运用多种手段创设情境，实施分层教学策略，促进英语翻译教学质量的提高。

二、翻译教学内容创新发展策略

（一）丰富教材

教材是指导翻译教学的基础依据，其中收录了最新的翻译思想、方法和素材，能够指导学生合理认知语言翻译过程。按照以学生为主体的教学要求，高校英语教师需要转变语言翻译教学理念和模式，打造个性化的英语语言翻译教学体系，帮助学生形成正确的英语翻译学习动机，进而提高英语翻译教学质量，促进学生英语翻译能力的提升。

在教育部制定的英语翻译教学大纲的整体要求下，各高校可自行编写具有特色的教材，完善英语翻译教材选用标准，并将英语翻译教材的理论性、实践性与生动性等特征展现出来。为进一步丰富教材编写，各高校英语教师可按照以学生为主体的原则，充分发挥学生在教材编写中的积极作用，通过多种形式鼓励学生积极参与教材编写讨论，以单元编写为目标来设计教学内容，体现语言翻译教学的单元性、过程性特征。同时，在组建交流小组时，采取多元互动的教学方式，让学生积极参与教材编写互动讨论，并结合所设选题，如生日宴会语言交际等，发散学生的翻译教材编写思维，并最终丰富英语翻译教学的内容。当然，也可利用 Language in Use 来带领学生学习词汇和语法，在组建课程小组讨论过程中，由学生自主参与语言翻译交际活动，教师可从中分析学生语言翻译实际情况，按照学生的学习水平适当调节或完善英语翻译教材。这种由学生参与翻译教材编写的模式，可有效改善英语翻译教学质量，同时体现了最新的教学理念和职业英语的教学要求。

语言具有明显的文化概念，语言和文化是彼此共融的，语言是反映地域文化特征的表现，地域文化能够孕育不同的语言表达形式。英语翻译教学需要让学生感受语言文化的魅力，这就需要丰富英语翻译教材的文化知识内容，在系统讲授英语翻译理论知识的同时，着重展现语言所在地域的文化特征。当然，英语翻译教学是需要以实际素材为基础的，如果教材中含有的翻译素材无法支撑英语翻译理论教学的开展，那么教师就需要及时更新英语翻译教学素材，并将其收录至英语翻译教材中。英语翻译素材具有实时更新的特点，广泛的英语翻译素材可为英语翻译理论教学提供支持，但在所选用的英语翻译素材中，可以重点关注具有文化魅力的部分。将地域文化知识讲解作为翻译教学的重要组成部分，既能提高学生的英语翻译能力，又能增加学生的英语翻译素养。综合来看，高校英语翻译教材的丰富性源于对语言与文化的关系把握，要在语言翻译理论讲解中融入地域文化知识成分，增添英语翻译教学的魅力。

（二）重视文化知识的学习

翻译虽然是语言转换的过程，但如果仅靠技巧来完成翻译活动，则难以保证翻译的质量。综合而言，翻译需要融汇技巧和情感，译者既要懂得运用已有的翻译理论知识来完成最终的翻译活动，又需要基于语言环境特征作判断。语言环境特征的形成与语言所在的地域文化相关，高校学生在语言翻译之前，需要提前了解语言所在的地域文化背景，以此避免语言翻译过程中可能出现的地域文化冲突。比如，You chicken！He cried, looking at Tom with contempt. 如果不了解"chicken"一词的文化内涵，就会导致翻译出错的状况。其实，以英语为母语的人常把"chicken"比作"懦夫、胆小鬼"，而在汉语中没有这层含义。又如，在英国人心目中的"west wind"被视为春季到来的象征，这是因为英国受地理环境的影响，常年处于温带海洋性气候带，所以该词具有明显的暖性色彩，"西风"也就成为春天的代名词。

语言翻译不是单纯地将两种语言进行加工转换，而是要赋予其情感。如果仅凭借一本英汉词典进行语言翻译，那么语言翻译工作就没有存在的必要性了。所以，高校学生需要了解语言翻译的魅力所在。比如，有的同学把很简单的句子"the window refuses to open"翻译为"这窗户拒绝打开"，这都是对语言翻译处理方法掌握不当导致的翻译错误。

由此可知，语言翻译要求技巧与情感共通，高校英语翻译教学不仅要教会学生语言翻译的技巧，更要让学生懂得把握语言翻译的魅力所在。基于实用原则，在整体认知的基础上理解语言的中心要义，并根据已有的翻译思维逻辑将其合理转换。这一过程需要以语言翻译理论知识为指导，同时也需要学生掌握各语言所在地的地域文化知识，通过大量的语言交际训练活动，逐步提升个人语言翻译能力。

（三）建构个性化的英语语言体系

高校英语教学改革内容包括建构个性化的英语语言体系，就其本质而言，个性化的英语语言体系能够促进学生对英语语言知识的吸收、理解。英语语言体系是由"听、说、读、写、译"五个方面构成的，其中，听、说、读、写又是为最终的翻译服务的。这就表明，英语翻译教学需要强化学生的英语语言基础，帮助学生形成个性化的英语语言体系。

按照固有观念，个性化的英语语言体系建构属于专业性较强的研究范畴，这些研究工作应该由相关领域的专家学者来完成。由于语言是为交际而服务的，语言体系也就呈现个性化的特征。语言体系有广义和狭义之分，在语言交际活动中，广义的语言体系是语言交际活动的基础，而对语言信息的理解则是狭义的语言体系的体现。

语言习得的过程，其实就是建构个性化语言知识体系的过程。英汉虽然分属两种语言形式，但其有一定的共通性，即能够对语言学习形成个性化的认知。因此，英语翻译教学同样需要建立个性化的英语语言体系。

英语语言体系涵盖词汇、语法、语境及相关要素，英语语言体系是具有特定功能用途的系统。在实际的英语语言课堂教学中，高校英语教师可以从语音、词汇等基础知识讲解入手，遵循循序渐进的原则，帮助学生确立个性化的英语语言体系。在系统掌握听、说、读、写、译等英语综合技巧后，教师可以展开大量的语言综合实践活动，将理论知识内化为实践应用的动力支持，提高学生英语语言应用素养。

当前，我国高校英语教学研究仍主要依靠教师来进行，即高校英语教学研究是以教师的教学为主体，而非以学生的语言学习实际为主体，这种研究成果很难反映学生的真实学习情况，反而会影响高校英语翻译教学的改革进程。我们应该认识到，在互联网科技的支持下，语言翻译工具的大量涌现使得学生对语言翻译学习的兴趣降低，从而影响语言教学的正常开展。

英汉分属不同的语言，但其本质是为交际服务的。受地域环境的影响，英汉语言表现出较为明显的差异特征，高校英语教师需要着重指出英汉语言思维逻辑的不同之处，使学生能够按照英语思维表达翻译语言，进而完成汉译英的语言翻译工作。由于语言融合具有共性和个性的特征，所以英汉语言既有差异性，又蕴涵相似性。高校英语教师需要指出英汉两种语言的共同特征，让学生能够理解语言的独有价值。在掌握语言的共性和个性特征后，学生对英语翻译的认知程度会得到相应提升。

现代语言教学理论为建构个性化的英语语言体系提供了基础，在功能语言学、认知心理学的支持下，高校英语教师可以重新对英语语言教学规则进行细化，按照学生已有的语言学习思维特点，在解构英语语言教学目标的同时，创新英语语言教学方式，指导学生依据自身的学习特征来吸收新的教学内容，帮助学生巩固语言基础，强化其语言应用能力。

英语翻译教学属于语言翻译教学的组成部分，语言翻译是交际性的活动，语言翻译的过程也是思想情感互相交流的过程，不同的语言翻译者会对共有的话语产生个性化的认知。因此，英语语言翻译具有较为明显的个性化特征。在英语翻译教学时，高校英语教师需要引导学生建构个性化的英语语言体系，使学生能够形成自身的英语语言翻译风格，通过对语言知识的吸收、了解和把握，进而对具有特定语义的话语进行加工转换。

教师应大力改进教学方法，充分发挥学生英语学习的主动性与创造性，将应试教育转为以培养学生语言应用能力为宗旨的素质教育。语言翻译教学既要涵盖理论讲解部分，又要涵盖实践应用部分。语言翻译教学应该发挥教师"教"的作用，但更应该提倡让学生在"学"中得到语言翻译锻炼，在语言交际中获得语言翻译体验。由此可知，英语语言翻译教学需要将理论与实际相结合，在已有的英语翻译理论知识体系讲解中，帮助学生把握语言翻译实践活动的机会，让学生在语言交际中掌握语言翻译的技巧和方式。

高校英语教学需要摒弃传统的、不合时宜的方法，优化英语基础教学模式，强化学生的英语词汇、语法等基础知识能力。花费大量的时间来讲解理论知识反而会影响学生的实践训练质量，因此，教师要在合理设置英语翻译理论教学时长的同时，考虑翻译实践教学时长的占比，有效提高学生的翻译应用水平。当然，英语翻译课堂教学需要以互动为支持，高校英语教师可尝试改变单向性的教学模式，采用多元互动的教学模式，促进学生英语翻译思维逻辑的发展。总体而言，高校英语翻译教学需要尊重学生的主体地位，激发学生对英语翻译的学习兴趣。

第三节　英语翻译教学方法的创新

一、翻译工作坊翻译教学法

20世纪60年代，美国的一些高校开始出现一种名为"翻译工作坊"的翻译中心，它实际上是一个有着商业性质的，由两个或者两个以上的译者组成的一个进行翻译活动的工作室。随着"翻译工作坊"在高校中的发展，翻译工作坊教学方法已经逐渐发展为一种教学模式，这种教学模式具有重实效、以学生为中心、以过程为导向的特点。译者在进行翻译工作的过程中，十分注重合作精神，他们会在一起就翻译中遇到的实际问题进行深入交流，并通过大家的合作将这些问题解决。译者这种翻译、合作解决问题的模式逐渐被移植到课堂中，并且已经形成了一种翻译教学方法。这一教学模式符合从实践到认识再到实践的认识规律，其运用于教学的根本目的是帮助学生从"做"中学，换句话说，就是使学生通过翻译实践来提高自己的翻译能力。具体来讲，在这种教学模式下，学生被分为多个小组，并且会以小组的形式在教师组织、设置的翻译情景中完成翻译任务。当然，这一过程是在课堂上完成的，各小组的学生在进行翻译任务的时候，会充分发挥自身的协作能力，经过团队之间的探讨，解决翻译过程中所遇到的问题。

在传统的教学中，教师占据着主导地位，在教师讲、学生听的模式下，教师往往只注重学生的分数，而忽略其实践能力。工作坊教学模式的出现，打破了这一局面：第一，教师不再是教学的主导，更加注重学生的主体地位；第二，学生的动手操作能力和积极探讨协作能力开始被重视和鼓励；第三，工作坊教学模式除了非常重视学生的创造性思维之外，还非常注重学生技能的提高。从翻译工作坊的一般过程来看，主要分为两个部分，即小组集体讨论阶段和个人发言阶段。在此过程中，教师还会对学生所讨论的问题进行一些解释和说明。因此，可以说，翻译工作坊作为一种教学途径，在促进教师与学生之间的互动的同时也兼顾了对学生参与作用的强调。

（一）在英语翻译教学中的应用原则

1. 合作与互动原则

从上述内容中，我们已经了解到，翻译工作坊这种教学模式强调的是学生之间的小组合作。因此，教师在使用翻译工作坊进行教学的时候，要选择那些合作性和互动性兼有的翻译课程。事实上，这一教学方法的原则主要包括两个方面，即合作和互动。一方面，合作是指在课堂上学生不仅能够通过彼此之间的相互合作完成任何种类的具有实践意义的翻译任务，还能借助彼此之间的密切配合完成相对高质量的翻译作品。举个例子来说，在学生通力合作之下，他们在翻译的过程中，不仅可以避免任何形式的语法错误，还能降低翻译作品与源语言意义之间的传达差异。另一方面，互动指的是教师与学生之间的互动，增加师生互动能够营造更加轻松、愉快、积极、融洽的氛围。

2. 相互协作与探究原则

在实际教学中，高校的翻译教学会受到众多因素的制约，其中语言能力不足这一因素能够直接在学生的翻译作品中体现出来。除此之外，还有一个比较常见的现象是学生在翻译的过程中，往往在对许多困难问题进行探究时会十分吃力。这里所讲的困难问题主要包括不同风格及文体文章的翻译标准、修辞的正确使用以及一些如增词法、减词法、词类转换法等特殊翻译技巧。由此可见，教师在教学过程中，如果使用翻译工作坊的教学模式的话，一定要坚持相互协作与探究原则，只有这样才能更好地促进学生翻译技能的提升。

3. 实效性原则

在高校翻译教学中，翻译工作坊教学法实际上还存在一定的局限性。举个例子来说，课堂教学时间是有限的，这样有限的时间内对于许多文学作品的翻译而言是明显不够的，教师也只能利用有限的时间向学生教授一些基本的翻译知识和技巧。然而，事实上，教学课堂算是一种翻译活动工作坊，学生在课堂上参与教师布置的翻译任务，在教师的引导下完成翻译工作，或获得一定报酬，或达到提升自己的目的。在翻译工作坊教学过程中，学生正确地采用或者按照正确的顺序引导翻译模拟环境，便能够大大增加学生翻译工作的职责感。每当学生完成一项教师布置的翻译任务之后，就会获得成就感，进而激发他们对翻译工作的兴趣。

（二）提出的教学建议

1. 对翻译课程指导教师的建议

众所周知，课堂教学的成功，离不开教师在课前的准备。在翻译工作坊教学模式下的课堂教学也同样如此，需要教师在课前为学生搜集和筛选相关的学习资料。在搜集和筛选资料的过程中，教师要注意所选资料要贴合学生的兴趣，要与学生的生活、专业密切相关，因为只有这样，才能使得学生在课堂上更具学习积极性，从而使他们更好地接受和熟练地掌握与自身专业相关的翻译知识，进而更好地运用专业知识进行翻译。除此之外，教师还要在设计教学及实践的具体过程中下功夫，从而确保教学能够有效、有序地进行。

在翻译工作坊模式下，教师在教学过程中，要注意引导学生相互合作，鼓励学生就翻译中遇到的问题进行互相交流。此时，教师只负责为学生营造积极的学习氛围，鼓励学生在小组范围内表达他们的观点和意见即可，教师这样做是为了培养学生的创造性思维和合作意识以及自主学习的能力。由此可见，翻译工作坊模式实际上是一种教学方法，特点是以学生为中心。教师在整个过程中，扮演的并不是主导者、控制者，而是指导者，主要工作是监督和管理各个小组及组员的自主学习。另外，教师还要保证课堂教学有效并且有序进行。事实上，尽管教师在翻译工作坊课堂教学中不再处于主导地位，但是仍旧占据重要的地位，发挥着不可忽视的作用。因此，教师也要积极参与各种培训，努力提高自身翻译教学的知识与技能，以更好地促进和提高高等院校翻译教学的质量。

2. 对教学材料的建议

将学生培养成某一个领域中的专业型人才是我国众多高校的培养目标。从这个层面来讲，教师在选择教学材料的时候，就要注重考虑学生的就业问题，要使教学材料与学生的就业需求相适应。举个例子来说，对于旅游英语专业的学生来说，教师在选择教学材料的时候，应该倾向于旅游业的内容，如旅游管理、景点介绍等。对于英语教育专业的学生来说，教师选择的翻译素材最好与教学相关。值得注意的是，翻译材料的选择还要考虑学生本身的语言能力，只有翻译材料与学生本身的能力相适应，才能激发学生的翻译热情，否则学生只会对翻译产生恐惧。

为了使学生完全理解如何处理某一类型的实践性翻译素材的方法，教师应该准备足够的教学材料。通常情况下，教师可以从文学翻译作品、知名翻译家的笔记、政府机构的翻译文件、学术论文或者 China Daily、Crazy English 等报纸和杂志中选取教学材料。教师在选取这些材料时，要注意及时更新，将搜集的材料整合后在英语翻译教学中进行应用。除此之外，教师还要整理记录，在教学过程中，记录学生在翻译过程中所遇到的一些问题，并且将这些问题的解决办法同问题一起进行整理，在之后的课堂教学中作为教学素材展现给学生，这对于提高学生的翻译能力具有巨大的积极作用。

3. 对课堂管理的建议

保证翻译教学的高效是翻译工作坊课堂管理的目标。在翻译工作坊的课堂教学中，教师可以将学生分为若干个小组，让学生通过小组间的互相合作来完成翻译任务，获得实践经验。在课堂教学中，如果教师不能对学生的学习过程起到很好的指导作用，那么学生在学习过程中，很容易感到无聊或者缺乏积极性。在翻译工作坊教学过程中，很有可能会出现一个小组的成员在讨论一些问题时，会越讨论越激烈，最终甚至会妨碍到其他小组的成员，对其他小组的成员产生不良的影响。在这种时候，教师应该做的不是去指责讨论声音大的小组，而是要耐心地提醒他们，让他们放低声音。

翻译工作坊的活动包括一定的步骤，作为翻译教师，应该预测和把控每一个步骤的时间。当一节课中所有的教学活动都已经完成的时候，如果距离下课还有一段时间，教师则需要补充一些资料或者开展其他活动。另外，指导教师可以选一些优秀的、具有责任感的学生参与到翻译教学中，从而使小组管理更加高效。举个例子来说，教师可以在每个小组中选取一名学生，让该学生来负责组织该小组的成员管理，从而推进小组翻译任务的完成。毋庸置疑，小组负责人的设置，有助于帮助指导教师进行翻译教学工作，使整个翻译工作能够更加有序地进行。

4. 对评价策略的建议

在翻译工作坊中，评价起着十分重要的作用，这是因为，一次优秀的评价将会使学生在翻译学习中的兴趣得到极大的提高。世界上没有两片完全相同的树叶，人也是一样，每个学生都是一个独立的个体，每个学生都有自己的个性特点，因此每个学生翻译出来的作品也存在差异。也就是说，教师在课堂中给出的参考译文也并非完美的，因此，当学生进行翻译任务时，教师应该鼓励学生进行创造性的翻译，当然，创造性翻译并不是天马行空，毫无章法，学生在进行创造性翻译的时候，要注意忠实于原文，不仅如此，还要注意语言组织符合语法规则。总之，翻译实际上是一项综合性的工作，翻译工作的完成除了需要运用许多技巧之外，还离不开专业知识。学生在翻译过程中，难免会出现许多错误。每当这个时候，教师切不要对学生进行过多批评，而是要给予学生更多的鼓励。

针对学生经常出现的一些问题，指导教师要鼓励他们将自己课堂学到的知识、技能以及翻译过程中所遇到的困难，以书面形式进行记录。待课堂教学结束之后，教师应当对学生在翻译过程中遇到的困难给予充分考虑，努力找到解决办法，以帮助学生走出翻译困境。

在翻译工作坊模式下，还有一个可以帮助学生提高翻译能力的方法，那就是评价工作。为了能够更好地帮助学生进行翻译工作，评价工作往往会先在每个小组内进行，进而在全班进行。另外，在课堂翻译教学过程中，教师为了营造一种良好的竞争氛围，往往还会采取一定的激励措施。总而言之，英语教师要合理采用评价策略，以促进学生翻译技能的提高。

二、合作学习翻译教学法

（一）合作学习的基本要素

所谓合作学习，其实就是按照一定的标准，将学生分成数个小组，目的是让学生以学习小组的形式完成教师布置的学习任务，这些任务可以是课内的，也可以是课外的。在进行学习任务的过程中，学习小组的成员之间会进行合作，在各成员的合作下，共同完成学习任务。

（1）积极的互相依赖

小组成员之间必须相互依赖，因为他们之间始终是一个团体，不相互依赖就难以实现真正的合作学习。这种依赖不是等待，也不是放手，而是学习过程中的分工明确。

（2）积极互动

小组成员在完成自己的任务之后还要与其他成员进行交流，只有与其他人互相交流、互相帮助，才能实现合作。

（3）个人责任及小组责任

在合作学习中，小组成员必须明确自己的责任，同时也必须明确小组的责任以及二者之间的关系，正确处理好二者可能产生的矛盾。

（4）人际及组际交际技能

合作学习不仅是学习，也是交际技能的练习和提高。小组成员不仅要学会在组内实现顺利交际及合作，还需学会与其他学习小组之间的合作与竞争。

（二）合作学习小组的形成

1. 分组的原则

根据以上对合作学习的界定可知，合作学习中的分组必须坚持"组内异质、组间同质"的原则。组内异质是为了使不同层次的组员得到相互学习、共同进步的机会，因为不同层次的学生在与自己不同质的组员交际时可学习的方面更多；组间同质是为了使各组之间的竞争更加公平，不至于出现一个组的学生实力特别强，而另外一个组的学生实力特别弱的情况。当然，也有人曾提出过可以组建组内同质小组的建议，理由就是组内同质的话有利于因材施教。但组内同质的缺点就是组员之间高度的同质化会减少他们练习同与自己在很多方面存在不同特点的人进行交流的机会。

当然，除了这一最主要的原则以外，分组时还需要考虑其他原则，如平等原则、自愿原则、动态原则。平等原则主要是指组员之间以及小组之间都是平等的，他们平等地参与课内外的学习活动，平等地表达自己的观点或想法等；自愿原则主要是指学生拥有自愿选择分组以及自愿参加活动的权利，教师在教学活动中只能引导他们去参与教学活动，而不能强迫；动态原则是指组内的成员不是始终不变的，而是根据情况的发展变化而变化的。同时，小组内部的成员也应该各负其责，每个人应该有自己恰当的分工，确定合作学习分组模式以及小组内各成员的角色。

2. 分组的考虑因素

根据上述分组的原则可知，在分组的时候需要考虑很多方面的因素，包括学生的性别、个性特征、语言水平、学习习惯、学习方法、思维方式、学习动机、自我控制能力、社会家庭背景等。因为这些因素中的任何一个都有可能对组内的学习氛围、组员关系等造成很大影响，分组因素考虑不当最终会对教学效果造成消极影响。

3. 分组的注意事项

（1）分组的决定及时机

在确定小组成员时可以由教师决定，也可以由学生自己决定。比较理想的小组组建方式是在学生进校一个月左右的时候进行，因为在那个时候学生对学校已经比较熟悉，对教师也比较了解，更重要的是同学之间彼此也有了一定了解。此外，分组最重要的是一定要合理。

（2）成员的稳定性

小组组建之后一般也不是固定不变的，成员的变化（但不能太频繁，可以是一学期换一次）可以使学生接触到更多的同伴，更有利于提高他们的交际能力。

(三)合作学习法在英语翻译教学中的应用

1. 合作学习法应用的必要性

(1)教学现实的需求

我国高等院校扩招后,教师与学生之间的比例失衡几乎是所有高校都必须面对的问题,这一现象在公共基础课中尤为明显,尤以大学英语课为甚。为解决这一矛盾,众多高校的大学英语课由以往的小班上课(每班三四十人)改为合班上课(每班七八十人),从表面上来看,班级人数的增加可以节省教师的教学时间、节约学校的教学资源,但大班上课也存在一些问题,主要是班级人数过多会导致班级教学活动相对比较单一,而为数不多的教学活动又不能保证所有学生的参与,也就不能提高学生的参与积极性。目前,教师和学生对大班教学的形式和效果大部分持否定态度。

合作学习在大班教学中的实践不仅有助于改变班级教学活动过少的现状(因为合作学习能将教学活动安排在课外进行),也能增加课堂内学生参与的机会,进而提高学生的参与热情,还能增加学生的人际交流机会。最重要的是,合作学习强调了学生的主体地位,学生因此会更加积极地学习,这也为不同层次的学生提高英语水平提供了更好的机会。

(2)教学目标的要求

《课程要求》中将大学英语教学的目标规定为"培养学生的英语综合应用能力""增强其自主学习能力,提高综合文化素养"。传统的大学英语教学可以使学生掌握扎实的英语语言知识,但不能使他们掌握较好的语言应用能力,特别是听、说能力,主要原因就在于传统教学过于注重语言知识的教学,却忽略了听、说等语言能力的教学。随着社会的发展及国际交流的日趋扩大,人们对语言应用能力的需求日趋增长。同时,为了适应社会的发展以及满足大学生自身发展和进步的需求,学生自身也需要掌握和提高语言应用能力(尤其是外语应用能力),这有助于他们在日后的工作中获得更好的发展机会。

2. 合作学习法的应用策略

合作学习的最大特点是合作,不仅包括教师与学生之间的合作,还包括学生与学生之间的合作。因此,为了达到合作的目的,在合作教学中必须讲求策略。

第四章 英语翻译教学的创新发展

（1）分组策略

为了尽量使小组内的所有成员都得到公平的机会，同时也为了使小组之间的竞争比较公平，教师在分组时应该综合考虑各方面因素。

（2）问题设置策略

教师的课堂教学对合作学习至关重要，教师首先需要将语言知识以及有效的交际信息通过最有效的方式在最短的时间内传授给学生；其次在最关键及最重要的位置设置问题，这样才能引起学生的兴趣并调动学生的学习热情和课堂参与积极性。此外，教师设置的问题及情景必须具备一定的深度、广度以及难度，这些是引发学生深思的关键所在。

（3）指导策略

合作学习要坚持教师的主导地位及学生的主体地位，因此，在教学过程中，教师要为所有组员布置学习任务，并随时掌握小组的具体动态。同时，教师还要积极有效地鼓励学生之间的交流、互助以及信息的分享，培养他们的团队合作意识以及竞争意识，有效指导他们养成良好的自学习惯。

（4）评价策略

合作学习既讲究合作，又讲究竞争，组内成员的合作是为了更好地进行组与组之间的竞争。这一实施更有助于提高学生的学习积极性和热情，而为此提供助力的方式就是积极的评价策略以及鼓励策略。因此，在教学过程中，教师要经常关注学生在小组活动中的个体表现以及小组的整体表现，发现学生参与活动的积极方面，在评价过程中将重点放在积极方面并加以鼓励和正面评价，这能使学生更加积极主动地学习；如果教师给予学生的是消极的评价，长此以往，学生肯定不会愿意参与此类活动。因此可以说，积极的评价策略和学生的积极性之间是呈正比关系的。

3.合作学习法的应用过程

作为一种教学方法，合作学习也应该有具体的实施过程。一般来说，比较好的教学方法都有一个基本的从理论到实践再到总结或反馈的过程，合作学习也不例外。

（1）理论讲解

对任何阶段的教学来说，理论讲解都是必需的一部分，合作学习也不例外。理论讲解是合作学习的第一步，可以体现教师在教学中的主导地位。每次上课时教师都必须将授课的重点、难点以及有关的语言应用技能传授给学生，使学生明确学习内容、目的以及需要掌握的理论技巧，为下一步的学习做好准备。

（2）活动准备

活动准备阶段的主要参与者是学生。他们需要根据教师所布置的活动先对小组成员进行分工，明确各自的任务，然后各成员再根据自己的任务来确定自己需要完成的准备工作，如资料收集等。在准备过程中，各成员还须注意与组内其他成员进行信息交换、资源分享等，这能帮助学生节省大量的时间和精力。

（3）活动开展

在相关准备活动完成之后，合作学习的活动就正式展开了。在这一过程中，教师仍然要坚持自己的主导地位，引导学生积极与其他成员进行沟通等；学生则要根据活动的形式来确定自己的参与形式，比如在辩论中，学生要根据自己的顺序及角色选择恰当的时机来表达自己的见解，辩论要有序进行，不能混乱；在角色扮演中，学生要记住自己的台词和顺序，也要恰当使用诸如表情、语气等各种辅助方式来更好地扮演自己的角色。

（4）教学反思

一个合作学习的活动完成后，教师和学生都应该对该活动进行总结，主要是总结自己在活动中的表现。学生应该结合教师所作的评价来总结自己和小组的表现以及自己在活动中的得与失，以便提高自己。同时，教师也需要对自己在活动中扮演的角色及作用进行反思，主要是对自己扮演的角色进行反思，注意自己是否成功地扮演了引导者、是否有对学生的活动干预过多等问题，有则改之，无则加勉。

三、任务型翻译教学法

(一)任务型翻译教学法概述

20世纪80年代,外语教学研究者通过对外语教学的深入研究,提出了一个新的语言教学理论,这个理论对外语教学有着重大的影响,即任务型语言教学(Task-based Language Teaching,TBLT)。TBLT的形成是以二语习得理论、心理语言学理论和社会构建理论为理论基础的,其主要内容是要求教师在设计教学内容的时候以学生为中心,激发学生的学习兴趣,使学生学习语言的积极性得到提高,以实现意义建构,提高学生的翻译能力。

1. 任务的定义

关于任务的定义,学者们分别从不同的方面进行了阐释,主要包括以下方面:第一,任务的范围,主要是指设计语言的任务;第二,视角,主要是指任务设计者的角度或者活动参与者的角度;第三,真实性,指在现实生活中有意义的活动;第四,语言技能,主要是指可能涉及语言的所有技能;第五,心理认知过程,包括很多步骤,如领悟、使用、输出、互动、推理等;第六,结果,主要是指任务的完成情况。

在学者们对任务下的定义中,具有代表性的主要是盖特、斯凯恩和斯维因对任务的定义和埃利斯对任务的定义。其中,拜盖特、斯凯恩和斯维因认为:"任务是要求学生使用语言为达到某个目的而完成的一项活动,活动的过程中强调意义的表达。"埃利斯认为:"任务是那些主要以表达意义为目的的语言运用活动。"虽然学者们对任务的定义在说法上不统一,但是不难看出,他们都认为任务是涉及语言的一种实际应用。

在英语翻译教学过程中,教师可以给学生下达一定的翻译任务,学生之间相互协作,共同完成任务。在这个过程中,学生会在模拟真实世界场景中体验英语翻译,一方面使学生对英语翻译的学习积极性和主动性大大提高,另一方面还能使学生在模拟的社会交往场景中体验分享信息、解决问题的过程,从而提高学习效率。

2.任务的特征

根据斯凯恩提出的任务构成要素（意义首要，解决交际问题，真实活动，关注任务完成，评价取决于结果）[①]，其他学者也对任务的特征进行了一些研究。我们结合学者们的研究成果，可以将任务的特征归纳为以下四点：

第一，一些真实的生活、学习、工作等有意义的任务被学生完成后，能够促使学生对真实的语言进行运用。

第二，在进行语言的使用这一任务时，学生关注的重点已经不再是语言形式的操练，而是变成了意义的表达。换句话说，就是强调学生在使用语言时是如何进行信息沟通的，而非强调学生在进行任务过程中采取了何种语言形式。

第三，在教学的过程中，任务会涉及语言技能。通常会涉及四种语言技能中的一项，也可能是多项。练习活动主要包括语言知识的增加以及语言技能的发展。

第四，当一个任务完成后，必须要有具体的结果，也就是说，当进行一个任务时，任务的完成是最受关注的，然后才是任务是如何完成以及完成情况。

（二）任务型翻译教学模式的教学原则

1.坚持以任务为主线

任务型翻译教学模式与其他教学模式最明显的区别就是这种模式强调以各种各样的任务为主线，旨在通过让学生完成一些具有明确目标的任务，从而使他们更加主动地学习和运用语言。我们所说的任务，实际上就是一种活动，但是这种活动具有与其他活动不同的特征，即以意义为主、需要某种交际问题解决、与真实世界的活动有某种联系、完成任务优先、以结果评估任务。

就任务型翻译教学而言，任务的内容主要有对比英汉语言文化、认知翻译理论和技巧、积累各种文体的翻译实践经验等。任务型翻译教学要求教师以任务为主线来组织教学，自始至终地引导学生通过完成具体任务来驱动学生学习翻译，使学生获得和积累相应的翻译知识和技巧，锻炼提高翻译能力。总之，该模式重视学生在执行任务过程中的参与和协作，重视学生在完成任务过程中的能力培养。

---

① 斯凯恩.极简德鲁克［M］.北京：民主与建设出版社，2016.

2. 坚持以协作互动为方式

在任务型翻译教学模式下，对于学生的培养，一方面强调重视学生独立探究精神的培养，另一方面还强调重视学生写作精神的培养。在任务型翻译教学过程中，学生会通过师生、生生之间的多项互动以及合作来完成一定的任务，并且进行意义的磋商和交流，产生大量的语言输入和输出，能够对学生实际翻译能力的培养和发展起到极大的积极影响。

实际上，我们可以认为，任务的完成就是写作互动的过程，主要体现在以下两个方面：其一，在进行翻译任务过程中，学生之间进行协作互动，这会帮助学生更加全面地了解任务，从而对意义的建构不断加深；其二，学生通过协作互动，让别人了解自己的表达需求，当学生被人理解的时候往往会产生喜悦感，正是这种喜悦感，使学生的学习动机被激活，进而更加积极地参与到翻译实践中，不断积累翻译知识和掌握翻译技巧，真正实现使每个学生都能得到发展的目标。

（三）任务型翻译教学模式的教学结构

从教学结构层面来讲，任务型翻译教学模式主要包括四个基本环节，即任务准备、任务导入、任务实施和任务巩固，这四个基本环节能够保证教学原则的贯彻以及教学任务的完成。一方面，这四个基本环节是相互独立的；另一方面，这四个基本环节又是一个有机结合的整体，相互联系、相互影响。因此，教师在采用任务型翻译教学模式的时候，一定要注意这四个基本环节之间的联系和制约，只有这样，才能发挥任务型翻译教学模式的实际作用。

1. 任务准备环节

任务型翻译教学模式的第一个环节就是任务准备环节。在这个环节中，教师会设计一些任务，这些任务的设计一方面要以学生的现实需要和兴趣为依据，另一方面还需要教师结合社会对翻译人才的需求。除此之外，教师还要从学生学习的角度出发，在设计任务的时候充分考虑不同层次学生的需求，力图设计出能够满足每个学生需求的任务。因此，在任务准备阶段，任务的选择和设计是十分重要的，决定着任务型翻译教学模式能否顺利进行。以下总结了任务的选择和设计过程中应该把握的一些要点：

（1）任务涵盖的范围应广泛

从任务选择的领域方面来讲，教师可以将传统的文学作品翻译扩展至经贸、科技、外交、军事翻译等领域。另外，任务也可以包括翻译理论和技巧的学习。换句话说，就是教师要以专业特点、社会需求和学生的认知现状为依据，选择相关理论和技巧以供学生学习，从而促使学生将学到的理论知识运用到实践中。

（2）任务的内容应具真实性或类似真实性

在任务的选择过程中，教师还要注意其内容要与学生的实际生活和学习经历相贴合，密切联系现实世界。除此之外，任务内容与现实世界之间的联系是一种具体的联系，而不是笼统的关系，否则就无法引起学生的共鸣和兴趣，更不用谈激发学生的学习和参与欲望了。任务的内容会涉及一些情景，也会用到一定的语言形式，在这个时候，教师就要注重使任务中的情景和语言形式与实际的功能和规律相符合。如此，便可以帮助学生在真实或者类似真实的情景中对翻译知识和技巧进行体会。

（3）任务的难度应根据学生的实际水平，由易到难，重视个体差异

教师在进行任务选择过程中，对于任务的难度要进行一定的把握。教师要了解学生的实际水平，了解学生的途径主要包括问卷调查、水平测试、座谈交流等。并且要将了解到的学生的实际水平作为学习任务设计的基础。任务的设计过程也是一个循序渐进的过程，由简单到复杂，层层深入，前后相连，从而形成一个由初级任务向高级任务以及高级任务涵盖初级任务的循环，构成"任务环"，使教学呈阶梯式递进。

2. 任务导入环节

任务导入环节是任务型翻译教学中的第二个环节，在这个环节中，教师会根据在任务准备环节中所作的任务设计，通过图片、录像、背景材料等进行情景的创设，开展一系列"热身"活动，激发学生的学习兴趣，吸引他们的注意力，同时也为其翻译学习营造轻松愉快的气氛。教师在进行翻译教学的过程中，需要恰到好处地为学生提供一个关键性的知识和技巧，不仅为学生提供必要的输入，还要为学生进行任务要求的介绍，告知学生实施步骤等，为学生进入下一阶段的学习打下基础。这一环节主要包括以下几个步骤：

第四章　英语翻译教学的创新发展

（1）教师引导学生复习与任务相关的知识和技巧

复习翻译学习中可能用到的知识和技巧是在任务教学开始之前进行的。在此过程中，为了避免使学生在认知过程中承受过多负担，教师要尽量为学生激活与任务相关的背景知识，从而为学生开展学习任务扫清障碍。除此之外，教师还可以在任务进行过程中，采用多种方式引导学生进行复习，如课堂提问、经验交流、多媒体课件等。

（2）对学生不熟悉的有关学习任务的话题进行提示

学生在进行学习任务过程中难免遇到一些不熟悉的话题，这时就需要教师为学生提供必要的提示。比如，任务中所涉及的问题的特定翻译技巧以及所涉及的某些关键词的翻译等。教师在对相关内容进行介绍的时候，要确保介绍的内容与任务的完成密切相关。在介绍方式的选择上，教师可以自由选择，可以是直接的、明确的，也可以是间接的、含蓄的，但是必须以教学实际为前提。

（3）教师应组织学生组成学习共同体

教师在布置学习任务给学生的时候，要保证学生能够完全理解任务的内容、目标，能够在规定时间内完成任务并取得应有的成果等。为了实现这一目标，就要求教师在布置任务的时候，对于一些指令性的语言一定要注意简单明了，而对于学习任务的目标要越具体越好。

3. 任务实施环节

任务型翻译教学模式的第三个基本环节就是任务实施环节，在这个环节中，教师一定要坚持"做中学"原则。换句话说，就是让学生通过完成特定的任务，从而使自己的翻译知识和技巧得到积累和提高。在这个环节中，教师可以通过一些活动、会议等的同传录像对翻译现场进行模拟，比如国内外的学术会议、记者招待会等。在教师为学生创建的模拟翻译现场中，学生在教师的引导下，通过互译实践努力完成自己的任务，从而使自己的翻译能力得到提高。任务实施环节主要由三部分组成，分别是执行任务、准备报告和汇报评价。在这三个阶段中，学生和教师扮演着不同的角色，进行不同形式的互动。以下就实施任务环节的三个部分展开论述：

（1）执行任务

在这个任务实施环节的第一阶段，学生一般要划分小组或者结对以学习共同体的形式进行任务的执行，另外，学生也可以以个人的形式执行任务。无论何种形式，在这个阶段，目的是保证每个学生都有事情可以做，除了以个人形式参与任务的学生之外，分小组和结对的学生也要通过明确的内部分工参与到翻译实践中来，如此一来，每个学生都有了自己具体的工作，都能够拥有翻译实践的机会和充分表现自己的机会。教师在这个阶段不会直接对翻译知识和技巧进行讲授，而是对学生参与学习任务进行监督和鼓励。当学生遇到难题的时候，一方面，教师需要提出思考的方向，学生根据教师提示的思考方向，自行思考和探索；另一方面，教师也可以提供解决思路，让学生自行选择。

（2）准备报告

在准备报告阶段，学生需要将自己的或者自己小组的任务完成情况和完成结果向全班同学和教师进行报告，报告可以是口头形式的也可以是书面形式的。通常情况下，为了能够将自己的或者自己小组的任务情况汇报得更加形象和生动，学生通常会把将要汇报的内容设计成纸质的，或者利用录音、视频、多媒体课件等形式进行汇报。在这个阶段，教师要让学生明确汇报任务的目的，组织学生进行自由讨论，让学生通过积极的讨论，不断集思广益。并不是所有学生都能够顺利完成任务，因此教师要注意当学生无法继续任务的时候，适当给予学生一些提示和帮助。

（3）汇报评价

汇报评价就是指学生将自己的任务完成情况和结果向全班或者小组报告。在这个阶段，教师通过学生自评、小组互评、教师总评等多种形式，对学生任务完成的结果进行多层次、多角度的比较、分析、评价和补充，带领学生总结翻译知识与技巧，探寻翻译规律。另外，教师还可以扮演主持人的角色，从学生中挑选发言者，让学生对自己的任务结果进行汇报，并且要对学生完成任务取得的成绩及时予以肯定，尊重学生的意见，鼓励学生的创造性。

4. 任务巩固环节

任务的巩固环节是任务型翻译教学模式的最后一个环节。在这个环节中，教师会将任务活动延伸到课堂之外，从而对旧的知识进行巩固，对新的知识进行预习，故这个环节被称为任务巩固环节。在这个环节中，教师主要通过课外作业与第二课堂两种形式，使学生完成翻译知识的迁移，即将已经学到的知识运用到实践生活中。值得注意的是，教师在设置课外作业和第二课堂的内容时，要注意其内容不仅要与课堂学习任务密切相关，还要贴近学生的生活经历。因此，通过任务巩固环节，除了能促使学生对所学的知识进行强化，使学习更加有意义之外，还能为学生展示个性和能力提供舞台。

（1）课外作业

教师要根据课堂任务内容及学生生活经历，向个人或小组布置课外作业，使课外作业与课堂教学融为一体。作业题材应适量、多样化，遵循学生的认知规律，具有针对性和开放性，能对教学起到反馈作用。教师可向学生推荐参考文献，指导他们课外阅读与课堂任务有关的资料，也可选择与课堂任务有关的内容，让学生在课外继续巩固练习等。

（2）第二课堂

第二课堂的内容应新颖，但也不能不切实际地凭空安排，而是要与课堂任务内容及学生生活经历紧密相关，能巩固课堂任务内容、顺应学生主观愿望、增强学生的思维活力和创造能力。第二课堂的形式应灵活多样，教师可通过组织学生举办翻译竞赛、向报纸杂志投稿、参加各种翻译社会实践等多种形式，为学生提供和创造广阔的学习、实践空间。

四、自主学习翻译教学法

（一）自主学习的定义

自主学习这一概念在 20 世纪 80 年代由学者亨利·霍尔克（Henri Holec）在其著作《自主性与外语学习》中提出。

学者对自主学习如何定义的观点各不相同。有学者认为，自主学习主要是学习者能独立选择自己学习的愿望及能力，这种愿望就是可以为自己的选择负责的信心，而能力则包括作出选择和执行选择两个方面。有学者将自主学习分为"完全性自主学习"和"指导性自主学习"两种类型。有学者总结出自主学习所具备的四种特征：自我主动性、自我监控能力、自我调节能力、自我适应能力。除了以上这些观点外，还有其他不同的观点，但这些观点都有一个核心，那就是自主学习强调自主性：对学习内容选择的自主性、对学习过程控制的自主性、对学习结果评估的自主性等。

综合以上观点，自主学习必须包含三个要素：学生自主学习的态度、学生自主学习的能力、外部的学习环境。自主学习具有两种特征：一是自主学习是学习者的情感态度和学习策略等因素综合而成的一种学习机制；二是自主学习本质上是一种学习模式，是在以教学任务为根本的前提下，学习者通过教师的指导，根据自身实际水平和要求制定并实现短期和长期学习目标相统一的学习模式。

（二）自主学习在大学英语学习中的必要性

随着大学英语改革的进一步深化以及英语在我国社会生活中地位的逐渐提高，如何使英语教学变得更加高效已经成了全体英语学习者、英语教师及研究人员共同关注的话题。同时，国外的外语教学研究也已证明自主学习的优势，因此，在我国大学英语教学中开展自主学习模式的探讨是有必要的。

1.学生的需求

学生的需求包括学生学习的需求、学生综合素质培养的需求及学生未来发展的需求三个方面。学生永远都应该是学习的主体，传统教学理念到现代教学理念的转变为实现学生主体地位打下了坚实的基础，也为学生自主学习能力的锻炼和增强提供了现实可行的条件和保障。无论是大学毕业生的就业需求，还是他们以后在生活、工作中获取新知识或技巧的现实需求，都要求他们掌握一定的技巧。

现代大学英语教学的目标是培养全方位、高素质的人才，而这种高层次人才的培养不仅仅需要教师的努力，还需要学生的自主参与。自主学习的实现不仅有利于学生现阶段的学习，还有利于他们将来的工作、生活，为他们的终身学习奠定良好的基础。

自主学习模式有助于调动大学生的学习主观能动性，激发他们的主动性和自觉性，提高他们的创新精神，而这种精神正是新时期国家竞争力的保障和体现，也是大学生竞争力的根本体现形式,因此,坚持以学生为中心、以人为本、培养创新型人才是时代赋予当代高等教育的使命,也是学生自身发展的需求。

2. 教师的需求

无论是传统的以教师为中心的教学模式还是现代的以学生为中心的教学模式,教师都起着至关重要的作用。传统教学模式中的教师决定着学生的学习内容等很多方面,现代教学模式中的教师虽然主要扮演的是指导或引导学生的角色,但这种指导或引导对学生的作用在某种意义上来说也会对学生的学习成绩,尤其是学习习惯的养成产生重大影响,其中最主要的原因就是教师在学生学习过程中有着无可取代的重要地位。

同时,由于当前我国众多高校的大学英语教学仍以通过考试为目标,或者说大学英语教学仍以考试,尤其是大型考试为检验标准。为了达到这一目标或标准,教师经常处于非常矛盾的境地:一方面他们希望改变传统的教学方式和模式;另一方面他们又想确保学生的考试通过率。传统教学方式的改变中存在使学生考试通过率降低的风险,这是教师无法承担的。自主学习会使教师的这种担忧有所降低,因为一旦学生掌握了正确的学习方法,养成了良好的自主学习习惯,他们的成绩自然就会有所提升。学生的自主学习只需要在教师的有效监督和指导下就可以进行,监督和指导的方式能够有效减少教师的教学工作量,这也说明了教师对自主学习方法存在实际的需求。

3. 自主学习策略

学习策略不等同于学习方法,它来自学习方法,是将学习方法的抽象化。学生的英语成绩会受到学习策略训练系统框架的影响。学习策略训练系统的框架中包括环境因素、学生自身因素、教师的教育观念、管理方法及学习方法等多种因素。学习策略训练系统的框架揭示了英语成绩好坏的真实原因,也就是说,学生的英语成绩是由所有这些因素的共同作用来决定的,而不是由某个因素或几个因素来决定的。

因此,在自主学习中,学习者要合理利用自身的优势,同时利用所在环境中所有的学习资源,在教师的指导下进行学习,要放眼未来,着眼全局,而不能完全根据自己的理解和一时的需要来进行,可以借鉴科恩推荐的模式进行自主学习策略的训练，该模式分为五个步骤：第一，教师对可能有用的策略进行描述、示范并举例说明；第二，基于学生自身的学习经验，教师引出更多的使用策略的例子；第三，教师引导小组或全班的学生对策略进行讨论；第四，教师鼓励学生练习、使用各种策略；第五，教师把策略与日常的课堂材料结合在一起，以明确或隐含的方式将策略融进语言任务，为学生提供语境化的策略练习。

（三）自主学习模式

国内外学者对自主学习的重视导致了诸多自主学习模式的产生，在综合研究了诸多学者的研究结果之后可以发现，大学英语自主学习主要有四种模式：合作型、研究型、问题型、目标型。合作型自主学习就是合作模式的自主学习，是团队合作的产物，与合作学习有异曲同工之妙，比较适用于那些善于与人合作的英语学习者；研究型自主学习就是探究式的自主学习，比较适用于那些善于思考的英语学习者；问题型自主学习强调的是教师与学生之间的互动，比较适用于善于思考、敢于质疑的英语学习者；目标型自主学习就是项目式教学的自主学习形式，强调以项目为基础和核心以及学习者在项目中的参与。这些学习模式并不相互排斥，而是相互支持、互相作用的，学生可以根据自己的个性、学习任务的类型等客观条件作出有利的选择，而不是始终如一地坚持某一种学习模式。

（四）我国大学英语自主学习现状及对策

1. 教师方面的改变

在传统教学模式中，教师处于主导地位，因此，要想实现学生的自主学习，教师要作出改变。要想让学生进行自主学习，教师可以采取以下五种方式：第一，帮助学生转变观念，树立自主学习的意识；第二，帮助学生建立自信，营造安全的自主学习心理环境；第三，鼓励小组合作学习，引导学习者逐步走向独立；第四，建立自主学习中心，营造良好的学英语的校园环境；第五，帮助学生进行自我评价，提高自主学习能力。

当然，对于教师来说，首要的是转变自己的教学理念，要在教学中善于引导学生发现问题、思考问题并解决问题，引导学生参与课堂活动，培养学生的合作精神及自主学习能力，使学生养成自主学习的习惯。

2. 学生方面的改变

在传统的英语教学中，学生只需要上课认真听讲、认真做笔记，下课后整理笔记，按时完成教师布置的练习，考试前多做试卷以找到考试状态即可。自主学习中的学生不能再以这种方式来学习，否则增强自主学习能力就成了一句空话。在自主学习中，学生也需要作出相应的改变。学生也要按照教师的指导，强化自主学习的意识和意愿，改变自己的学习态度和观念，培养自己的合作精神，积极参与课堂活动，在学习中主动发现问题、解决问题，养成自主学习的习惯。

3. 学校方面的改变

作为教学的主管部门，学校强调大学英语教学，强调考试通过率，其实无可厚非，因为除了考试，他们目前还找不到更好地评估大学英语教学的方法和标准。目前，在自主创新精神和创新能力占据人生未来主要地位的情况下，学校主管部门一方面需要继续坚持以考试通过率为考核标准，另一方面也要通过一定的方法来加大对新的教学改革的支持力度，大力支持学生自主学习能力的锻炼和增强。因此，学校需要不断改善教学条件、配备更齐全的学习资源、组织更多的英语学习活动等，并利用这些有利的学习条件来促使教师改变教学观念，促使学生改变学习观念、目标、态度等，积极为实现"增强学生的自主学习能力"的教学目标创造条件。

第四节 英语翻译教学模式的创新

一、过程式翻译教学模式

不管教师采取什么样的教学步骤，翻译活动本身都是一个能动的过程。例如，贝尔（Bell，1991）认为，翻译过程可分为两个阶段：分析和合成，在每个阶段中都存在句法、语义和语用三个不同的领域。在这三个领域中译者对原文的分析与对译文的合成过程实际上就是进行传译语际信息的过程。[1]

过程式翻译教学模式是以翻译过程为导向的教学模式，其出发点是分析学生

---

[1] 贝尔. 翻译与翻译过程 [M]. 北京：外语教学与研究出版社，2001 年.

的翻译能力及其翻译能力在翻译过程中发挥的作用，进而不断地认识和理解学生在翻译过程中的行为表现、思维活动以及解决翻译问题的策略等。这种教学模式不仅能够提高学生的翻译能力，同时也能大幅度提高教师的课堂翻译教学效率。

（一）过程式翻译教学模式的特点

过程式翻译教学的特点是侧重描写与解释翻译的过程，而对翻译结果没有进行过多的强调。

具体来说，过程式翻译教学模式的特点主要体现在以下几个方面：第一，侧重探讨在翻译过程中重复出现频率较高的相关问题；第二，对错误出现的原因进行探究；第三，在给学生布置翻译练习任务之前，教师要对学生的翻译技巧与原则等进行相关的指导；第四，学生在翻译的过程中不仅要理解译文的词句意义，还要逐步地了解并认识翻译过程；第五，通过对译文产生的过程作出一定的解释，便于译文读者信服与接受译文；第六，形象生动地对翻译策略进行相关的描述，让学生在翻译过程中能够恰当、合适地使用翻译策略；第七，避免将固定的翻译标准强加给学生；第八，在译文中灵活地采用多种表达方式对译文的语言形式与意义进行分析与理解，鼓励学生充分地发挥其积极性和创造性。

（二）过程式翻译教学模式的流程

过程式翻译教学模式主要涉及以下具体的教学活动：

第一，给学生布置翻译练习任务时，需要学生在教师的指导下充分地做好翻译前的准备工作。教师要对翻译情景（translation situation）进行预设，翻译情景所包含的主要因素包括作者的意图、翻译的目的、该篇章的写作背景、交稿时间及对该篇章翻译的具体要求。此外，教师还需要拓宽学生的学习渠道，如借助词典、互联网、百科全书等，多方面地对题材以及术语等内容进行分析。

第二，在对学生安排翻译练习任务时，还需要教师对学生进行相应的引导和启迪，主要是通过对学生进行适时的引导，让学生对翻译中可能遇到的问题（如翻译策略、原则、过程等）做好心理准备。

第三，在翻译练习的过程中，教师可以鼓励学生以"翻译作坊"（translation workshop）的形式对翻译练习进行共同的讨论，协作完成翻译任务。在递交译文时，学生要标明在翻译过程中所遇到的疑问或难题。

第四，教师要采取灵活的方式来讲评学生的翻译作业。讲评既可以由教师讲评，也可以让学生之间互相评议。教师讲评时应当在翻译过程中注重指导、分析、启发，可以以互动式的形式进行讲评与讨论，最大限度地调动学生参与讨论与讲评的积极性。需要注意的是，教师在讲评时不仅要明确地指出译文中出现的错误和解决学生的相关疑问，也要及时地对学生进行鼓励，肯定其中翻译质量较高的作品，从而更好地培养学生独立思考与创新的能力。

二、实用性翻译教学模式

实用性翻译教学模式是一种新型的翻译教学模式，其指导方法为案例型教学法。案例型教学法是一种以案例作为媒介达到学习知识的目的的方法，具体地说，是指在课堂教学过程中，让学生在教师的指导下根据实际的案例对其进行分析、讨论并作出相关的评价，最终找出相应的解决策略的一种教学方法。由于新时期翻译课程的主要特点是外贸、商务等专业知识与英汉语言技能的紧密结合，从各专业技能的培养目标与翻译教学内容的应用性来看，在翻译教学中，通过对案例教学法进行创新性的运用和实践，从而形成实用性翻译教学模式。

张小波认为，实用性翻译教学模式包括以下四个主要环节：[①]

（1）文本准备

文本准备也就是案例准备，是由教师经过一系列的活动（如搜集、编写、设计等）来准备的与教学内容相适应的翻译文本材料。由于文本准备是教师的一项主观活动，因此不可避免地会带有一定的主观性。在进行案例编写时，需要教师根据翻译教学的内容以及进度，结合一定的翻译实践的经验进行汇编。在设置译例时，主要围绕国际商务、国内外经济贸易、科技文献等文字材料按照先易后难、由浅入深的逻辑顺序进行选编并汇编。

（2）分析与讨论

在分析与讨论之前，教师应将案例逐一地分发给学生，要求学生在阅读案例的过程中尤其注意英汉语在遣词造句和谋篇布局方面的不同，便于找到相关的理

---

① 张小波.实用性翻译教学模式探索[J].怀化学院学报，2006（03）：124-126.

论依据，从而更好地来分析此案例。

在翻译教学过程中，教师应引导并组织学生进行分组讨论，营造一种充满自由与融洽的学习氛围，在这一过程中教师应起到引导者的作用，让学生成为讨论的主角。

在分析与讨论之后，每一组学生形成了初步的统一认识和观点，学生能够独立自主地分析、讨论译例涉及的翻译问题，并能对此作出一定的解释。在这一环节，教师让每个小组选出一名代表，对该组的翻译译例进行分析并陈述。如果有的小组对翻译案例的分析与其他学生的理解有明显偏差或者分析判断有一定错误时，需要教师及时地进行引导并提供帮助，让学生自觉地意识到问题的所在，从而能够让学生积极、主动地进行修改，避免出现类似的错误。

综上所述，这一环节以分组讨论的形式展开，并逐步深化翻译教学。这一教学模式不仅有利于提高学生的语言运用能力，还有利于提高学生独立自主地进行分析、表达和解决问题的能力。

（3）案例总结

案例总结是由教师来完成的，是对案例的讨论结果进行总结。案例总结一般包括以下几个方面的内容：对本次案例的讨论过程中的重点、难点以及翻译理论知识的运用进行总结；对学生在讨论的过程中出现的一些原则性错误进行纠正，并给予相关的指导；对学生在小组讨论中的表现进行评价，另外还可将学生在讨论中的表现作为平时成绩，从而更好地激励学生在今后的讨论中表现得更为优异。

（4）确定译文

确定译文是实用性翻译教学模式的最后一个环节。经过小组的分析与讨论以及教师的案例总结之后，教师要求学生在课后完成最终的译文，在完成的过程中需要充分地考虑并结合翻译技巧以及翻译原则。

通过上述分析可知，实用性翻译教学模式使教师在案例教学法的指导下有针对性地选择教学材料，充分地体现了理论与实践的结合，有助于提高学生分析、判断、解决问题的能力，最终提高学生的综合能力。

三、人本主义翻译教学模式

人本主义翻译教学模式是以人本主义学习理论为基础的一种翻译教学模式。美国心理学家罗杰斯（C. R. Rogers）认为："学习者是学习的主体，学习是个人的自我实现。在人的整个心理发展过程中，人本主义将人的情感、思想置于前沿地位，突出强调人的内心世界的重要性。"[1]

人本主义翻译教学模式下的学生扮演着"参与者"的角色，不再只是"被动接受者"，而教师则扮演着"引导者"的角色，不再只是翻译知识的传播者。翻译课程是根据学生的兴趣与能力为其量身定做的充满乐趣的学科，不再只是令学生头疼的一门学科。具体来说，人本主义翻译教学模式包括以下几个方面的内容：

（一）教师的辅助作用

在翻译教学过程中，教师具有一定的辅助作用，应起到教学"支架"的作用。具体而言，在翻译教学过程中，教师要精心地设计符合其学习兴趣的翻译内容，并且指导学生自主地选择学习内容和学习进度以及相应的学习策略，这一模式中的学习内容要具有一定的针对性，有利于学生自由、主动地发挥其认知能力。可见，在这一教学过程中，教师起到了一定的辅助作用，即充分地组织并指导学生自主学习。

（二）肯定性的教学评价

人本主义教学模式倡导肯定性的教学评价，认为教学评价应一改传统的"分数第一"的评价观念。要想实现这一转变，就要求教师在课堂上尽力给予学生肯定性的评价语，这是因为肯定性的评价语对学生有着激励和导向作用，能够激发学生的学习兴趣，从而使学生的学习更加积极、主动。因为每个人都是不同的个体，每个人都有着自己的思想和语言习惯。在实际中，对于同一个翻译任务，可能不同的学生会给出不同的翻译答案，教师给出的答案不再是唯一的、正确的答案，在这样的情况下，教师给予学生肯定的评价，能够极大地提高学生学习的积极性和自信心。肯定性教学评价的主体应该是学生，因此关注学生是其出发点。

---

[1] 卡尔·兰塞姆·罗杰斯. 当事人中心治疗［M］. 北京：中国人民大学出版社，2004.

教师不仅要关注学生的学习方法、学习过程，还要关注学生在学习过程中所形成的情感。

（三）和谐的教学环境

在翻译教学活动中，教师与学生之间是一个合作与交流的互动过程，在很多方面存在着情感交流。

传统翻译教学模式下的翻译教学是一种"灌输式"教学，具有速度快、权威性强、反馈信息少的特点。传统的翻译教学过程是教师将知识单方面地传授给学生的过程，这样的翻译教学不利于师生间的交流与沟通，容易导致师生间的关系变得越来越冷淡和疏远。传统翻译教学模式下的师生关系是不平等的。

人本主义的翻译教学模式要求师生在教学过程中保持平等地位，逐步地建立一种和谐的关系，同时要不断地凸显并张扬学生的个性，进而不断地增强学生的创造力。

四、"以学生为中心"的翻译教学模式

（一）"以学生为中心"教学的概念

随着全球化趋势的不断增强，我国对英语翻译人员提出了新的要求。传统的以教师为主题的课堂教学模式已经不能适应我国当前的国情，为了培养满足社会发展需求的英语翻译人才，我国出现了一种包含新型师生关系的"以学生为中心"的翻译教学模式。这种教学模式认为翻译是对两种语言的创造性运用，因此，翻译活动应涵盖在交际框架下的语言活动、文化活动、心理活动等。由于翻译教学环境趋向于提倡建立一种交际性的课堂教学形式，也就是要努力创建一种能让学生独立进行创造性语言转换以及语言交际的环境，所以我们应该特别重视社会背景和文化迁移在翻译教学中发挥的作用。这种"以学生为中心"的翻译教学模式认为，翻译训练不应该再以教师为中心，将教师作为带头人或译文好坏的评判者，而应该以学生为中心，让学生成为积极的创造者，而不是消极的接受者。此外，还要重视学生的不同个性、学习风格、学习策略以及在学习过程和学习内容上的智力因素对其学习可能产生的影响。

总之,"以学生为中心"就是在翻译教学过程中,教师要充分考虑学生自己在学习中的积极作用,采取一些教学手段,充分调动学生学习的积极性和主动性,使学生树立学习的自信心;最大限度地支持学生自己选择学习方法;鼓励学生积极参与教学活动,做自己学习的主人,为自己的学习负责。

(二)"以学生为中心"教学的特点

1. 教师引导,学生乃主体

传统翻译教学模式通常以教师为主体,相对于参与课堂教学活动的学生来说,教师处于相对权威的地位。因此,在传统的课堂上,一直都是这样一幅景象——教师在讲台上卖力地讲解,学生在下面拼命地记笔记。这种"填鸭式"的教学模式在我国已经持续了相当长的一段时间,面对社会对人才的要求不断提高,这种模式已经不能满足现今人才培养的需要。"以学生为中心"教学模式的出现,打破了传统教学模式的局限。一方面,它要求课堂教学中的教师从之前的主演转变为现在的导演,在学生进行翻译学习的过程中,要发挥好引导和辅助的职责;另一方面,它要求学生成为课堂教学的主演,不仅要掌握学到的翻译知识,还要将所学知识应用到实践中。

2. 教师和学生融洽合作,教学突出实践

虽然"以学生为中心"的教学模式强调了学生的主体地位,但是实行"以学生为中心"的教学模式,并不是说要完全忽略教师的权威性,而是要将教师作为课堂活动的主导者。也就是说,在"以学生为中心"的翻译教学模式中,课堂教学活动中的教师与学生之间是合作关系,各自扮演着自己在英语翻译教学中的角色,通过双方的合作,从而有效实现教学目标。

3. 共同参与评价

"以学生为中心"的教学模式在教学评价方面也提出了新的要求,它强调要改变以教师为主体的评价方式,尽量使评价主体更加多元化,比如可以选择学生与学生之间、教师和教师之间通过对多层面的自评和互评的评价方式。

要想让师生共同参与评价,那么就要将评价的权利充分赋予学生,主要可通过以下步骤来完成:第一,教师将参与评价的学生分成若干个小组;第二,教师在完成一种翻译方法或者技巧的详解和示例之后,要布置一些课前选定的相应翻译练习给学生；第三，由于学生以一小组的形式完成教师布置的任务，因此每个小组成员在完成翻译练习之后，要将自己的结果同小组成员沟通，大家进行讨论，评选出大家认可的、优秀的译文答案；第四，小组推选出自己组内比较好的译文，提交给教师，再由教师对各小组的译文进行检查，给出评价，并且指出其中比较好的部分和不足之处；第五，教师要提供参考译文给学生，通过教师的鼓励，让学生积极发言，指出参考译文中的不妥之处，从而使师生共同探讨某种译法，也让学生真正能参与到评价中。

4.重视学生独立翻译能力的培养

"以学生为中心"的翻译教学模式提出的目的，不仅仅是教会学生翻译某些句子或者文章，而是为了培养学生独立翻译的能力。从这个层面来讲，"以学生为中心"的翻译教学模式更加注重翻译的过程。在教师的指导下，学生不仅要学会理解原文，还要利用自己学到的翻译技巧，将自己翻译的译文表达出来。当学生交出自己的译文之后，教师要对学生的作业给予积极、肯定的态度，从而使学生对自己的翻译学习更加充满信心，并不断培养独立完成翻译任务的能力。

（三）"以学生为中心"教学的活动安排

1.开列阅读书单

由于翻译是一项实践性较强的活动，所以在翻译教学的所有阶段都必须重视实践练习环节。翻译课程安排应以实践活动为主线，但也要重视理论指导实践的重要作用。应当清楚的是，如果离开了科学的理论指导，就没有办法开展高效的实践活动。所以，为了帮助学生在较短的时间内掌握科学的翻译理论知识，教师推荐阅读书单是一个很好的办法。教师可为学生推荐例如翻译简史、翻译理论与技巧、中英文化习俗等方面的书籍，学生可以通过这种方式学会用普遍的原理来处理个别的实例，之后再经教师的指点，学生就可以将实例接通到理论上去，做到真正的融会贯通。

2.多进行笔译、口译练习，消除文化障碍

学习口译和笔译的学生要具备坚实的双语素养、文化知识和运用翻译策略的技巧。特别是在口译教学中，跨文化沟通认知对学习口译的学生十分重要。许多口译初学者在翻译过程中出现错译或误译，并非因为他的语言能力欠缺，而是因为他遇到了无法解决的文化障碍。所以,只有不断进行翻译实践,才能消除可能出现的文化障碍。

3. 采用多媒体教学手段

由于语言运用是一种多感官的体验,可以通过不同的媒体或者不同的感官渠道传输语言信息,所以很有必要采用现有的多媒体技术进行英语翻译教学。目前,很多学术讨论会、记者招待会或者国际之间的互访宴会等都会采用同声翻译等方式进行记录,在翻译教学中就可以利用这些资料来创造模拟的现场效果,从而进行英汉或其他语言的互译实践。

4. "以学生为中心"教学的不足

任何事物都具有两面性,"以学生为中心"的翻译教学模式也是如此,因此这种翻译教学模式也不是绝对完美的,也存在一定的局限性,主要表现在以下方面:

第一,如果同组学生在一起进行某个问题讨论时,教师给予的时间过长,那么就容易出现部分学生精力分散的情况。甚至由于教师给予的时间过长,学生没有在经过讨论之后得出结论的紧迫感,往往会讨论一些个人的事情,从而忘记本组本该进行讨论的问题。

第二,"以学生为中心"的翻译教学模式可能会助长部分学生的惰性,尤其是那些经常处于学习成绩中下水平的学生。小组讨论的形式,使他们对本组成员产生依赖,自己不思考,只是让本组其他成员思考并得出结果。当然,他们往往也不会主动代表小组去回答。在这样的情况下,那些不思考的学生只是作为小组一员,共享小组其他成员的劳动成果,从而致使学习效果不佳。

第三,在"以学生为中心"的翻译教学模式下,一些处理语言解码和语言编码能力较差的学生常常感到力不从心,往往使他们感觉自己的翻译能力比不上别人,从而产生自卑心理。

五、"模拟"翻译教学模式

（一）理论基础

"模拟"翻译教学模式是在原型—模拟翻译理论的基础上提出的。原型—模拟理论重新定义了翻译的概念，认为："翻译是译者以适合于译语读者阅读需求为目的，以忠实于原语文本中适合于译语文本读者阅读的原语文本部分为翻译标准，对原语文本的一种模拟行为。"该定义明确指出翻译是种反映供需关系的模拟活动，译者执行的是一种以"模拟"为本质的行为。

"模拟"翻译教学模式理论强调学习者的自主模拟，并要求将这种模拟学习与基于情景教学的模拟市场与基于基本理论和实践学习的模拟翻译教材设置及翻译模拟教学课堂设置结合起来，有利于学习者市场适应能力的提高和就业竞争力的增强。"模拟"翻译教学模式主张为学生提供强有力的"模拟"学习环境，即让学生在模拟环境中实际运用所学到的知识。在这种与真实工作情景相结合的教学氛围中，"模拟"翻译教学意味着学习者所学知识具有针对性、实用性和可操作性，这样的学习环境是促进学生学以致用的前提条件。

（二）实际运用

1. 采取模拟情景教学形式，调动学生的学习主动性和积极性

在实际的翻译教学实践中，教师可以在课堂上引入情景模拟，通过模拟真实情景的方式，让学生进行英语翻译实践。利用这种教学模式，可以提高学生多方面能力，比如语言能力、独立思考能力、表达能力、分析问题和解决问题的能力等。以商务信函翻译为例，商务信函的选编、设计的案例（文本资料）应包括一些国际商务领域中具有较强实践性的内容（如报盘、还盘、索赔等）。在对商务信函进行分析和讨论之前，教师要将相关案例资料发给学生，让学生对英汉商务信函的构成和异同有一个充分地了解，在对英汉中遣词造句方式的不同有一定了解之后，试着对所给的案例资料进行课外试译。

教师在学生讨论或者进行情景模拟的时候应该对其进行一定的引导，为学生的讨论营造自由的气氛，使学生成为讨论的主角，最终实现让学生独立完成对案例设计中的翻译问题的分析、解释和讨论的目的。

在小组讨论结束之后，各小组会得到一个初步的结论，也就是对翻译任务形成的一个统一的意见和认识。在小组发言阶段，每个小组都会选出一名成员代表本小组进行发言，对译例进行分析。教师在这个阶段要注意以下两种情况：第一，如果学生的翻译与参考译文出现很大出入，可以让学生在已有知识图示基础上展开讨论；第二，如果学生的分析判断出现错误，这时教师要注意对学生进行引导，使学生认识到自身的错误出在何处，并且自觉进行纠正。除此之外，教师在对学生的作业进行批改的时候，要采用鼓励与批评并举的手段，这样做一方面是为了让学生认识到自己的问题所在，并努力纠正，另一方面是为了认可学生在翻译过程中的可取之处，使学生在今后的翻译过程中增强自信心，不断提高自己的翻译水平。因此，在作业批改过程中，教师不仅要对错译误、译进行扣分，还要对好的翻译给予加分的奖励。

2. 坚持"以学生为模拟主体、教师为模拟主导"的教学模式

（1）考虑学生因素

以教师为模拟主导的教学模式的重点是在教学目标的设定、教学材料的选择到课堂教学、作业评估等环节中，都要将学生的因素考虑在内。具体来讲，就是教师在进行收集、编写、设计与教学内容相适应的翻译材料的时候，要充分考虑学生自身的因素，选择适合学生的翻译材料。

首先，文本的选择属于一种不可避免的主观活动，因此教师在进行教案编写的时候，要注意按照教学进度选择译例，并将其进行汇编。其中在对译例进行设置的时候，要注意难易程度不可随意设置，而是要遵循由浅入深、先易后难的原则，并且内容上主要围绕国内外经济贸易、国际金融、科技文献、国际商务、新闻、外交等。

其次，在课堂教学中，翻译教师的职责除了启发并指导学生对译例进行分析和理解之外，还要在学生进行翻译的时候对其进行辅导。

（2）做好总结和成绩纪录

以学生为模拟主体的翻译教学模式是指教师在经过课堂小组、全班讨论之后，对学生的讨论进行总结，指出案例讨论中的思路、案例翻译过程中的难点和重点以及翻译理论知识的运用等。除此之外，教师还需要将学生在课堂上的表现作为平时的成绩记录下来，以此来激励学生在课堂上积极发言。这不仅能够帮助学生提高综合能力，还能充分体现课堂与社会、理论与模拟的结合。

第五章　英语翻译教师的发展与学生翻译能力的培养

本章主要对英语翻译教学中教师的发展和学生翻译意识的培养展开探讨，主要对英语翻译教学中教师的发展和英语翻译教学中学生翻译能力的培养等方面的内容进行了介绍。

第一节　英语翻译教学中教师的发展

一、教师发展概述

（一）教师是其专业发展强有力的内在动因

教师专业的发展趋势可以总结为由被忽视到逐渐受关注、由关注教师专业群体专业化到关注教师个体专业发展、由关注专业发展的"外部"环境到关注专业素质发展的"内部"因素。其中，专业素质提高的过程又可以归纳为：遵循着从教师群体专业化——教师个人被动专业化——教师专业发展即教师积极的个人专业化或主动专业化的研究轨迹。

1980年，以"教师专业发展"为主题的世界教育年鉴出版，标志着教师由被动的个人专业化转向积极主动的个人专业化。实际上，早在20世纪70年代初期，美国学者杰克逊就批判过教师的被动专业化，将之称作教师发展的"缺陷"观，而把主动专业化称作"成长"观。由此可见，教师在个体专业发展中的地位和作用也发生了转变，从无地位可言转变为地位日益显著，说明教师这一"人的因素"

成为其专业发展强有力的内在动因。

如今,教师自身的自主专业发展意识已经成为影响教师专业化发展的重要因素,这一点从教师在教师专业发展中的地位和作用日益凸显中可以看出。为了促进教师加强自身专业发展,我国有学者提出了"自我更新"为取向的专业发展方式,这个观点是对我国教师自我专业发展意识作用的强调。

就目前情况来看,在我国,有关教师专业发展的研究主要是校本教研,其中主要包括三条发展路径,即专家引领、同伴合作、自我反思。

首先,专家引领就是指向书本和专家学习。一般途径包括利用一些教师培训机构等对教师进行的短期培训、在职进修等,也可以将一些专家邀请到学校进行学术报告与讲座。这种途径在向教师介绍理论知识的同时,还能开阔教师视野、更新教师观念、激发教师反思。

其次,同伴合作。同伴合作就是学习和吸取他人的经验以促进自身成长。不可否认,这一途径在推进我国教师专业发展的效果在一定程度上是比较明显的,但是,该途径同时也存在许多极容易出现的误区。具体来讲,第一,依靠他人的经验等形式一般缺乏理论和思想的支撑,使得教师专业发展极容易在零碎的技术化操作层面止步不前;第二,在日常学科教研活动中,教师们互相听课、评课,由于存在同质性,因此难免陷入低水平的重复中,难以突破瓶颈。

最后,自我反思。这一发展途径强调的是教师通过自身实践进行反思,并在此过程中获得专业化的发展。这种途径显然对于教师专业化发展具有重要的推动作用,但是教师的自我反思,目前来看,只停留在"技术之思"的阶段,也就是说,只注重教学效率的提高,并没有注重教师视野的拓展,因此在一定程度上使得教师放弃了对自己心目中理想教育的思索。

综上所述,在教师专业发展的三条途径中,无论采取哪一条,都需要教师自主发挥自身的专业自主意识,也只有在教师自发、自觉地发展自己专业意愿的情况下,才能发挥这三条途径的作用。因此,我们发现,充分调动教师的主体性,发挥和实现其作为教师专业发展的强力动因,成为教师专业发展的重要课题。

（二）文化是影响教师专业发展的重要因素

1. 利伯曼的观点

利伯曼从与过去的在职教育、教师培训对比的角度指出，教师专业发展关注教师的学习及其对实践的持续探究，教师是能够对自己的价值和与他人的协调实践关系不断进行反思和再评价的人。教师专业发展是一种更为宽阔的思想，它不仅是教师与学生一起改进其实践的途径，而且还意味着在学校中建立起一种相互合作的文化。在这一文化中，教师之间相互学习的行为应该受到鼓励和支持。理想的教师专业发展应该是一个文化建设的过程。这样一来，教师专业发展研究从注重知识和能力提升的行为取向转为关注教师自身努力、学校环境和组织条件等影响中来，这是一种更为宽阔、更为综合的取向，使我们能够理解教学工作的性质以及教师专业发展的复杂性。因此，教师专业发展不再仅仅是教师自身个体的完善、知识和能力的提升问题等技术性过程，而是与教师专业文化、学校工作背景尤其是文化背景紧密相关的复杂事件，是一个寻求教师之间相互合作、使教师参与其中的自我更新和更新学校的文化建设过程。

2. 哈格里夫斯和富兰的三维度理解

哈格里夫斯和富兰总结了提供教师"教学机会"的三种观点：一是需要为教师提供学习和获取有效教学的知识和技能的机会；二是需要为教师提供发展教师个人品质、责任意识和自我理解的机会，使教师成为一个敏感且灵活的人；三是需要为教师创设一种支持性的工作环境，使教师不仅仅是为了生存，而是为了教师的专业学习、持续改进自身以及更好地进行教学。相应地，哈格里夫斯和富兰深刻地指出教师专业发展可以从以下三个方面来理解：

（1）教师发展作为知识和技能的发展

教师要想提升自己为学生提供更优质教育的能力，就要掌握有用的知识和技能。事实上，我们可以认为教师的专业性问题是指教师的教学水平以及对专业知识和技能的掌握问题。因此，教师专业发展的首要任务是为学生未来的事业和发展提供一个坚实的知识和技能基础。

（2）教师发展作为"自我理解"的发展

教师的发展归根结底是人的发展，从这个层面来讲，教师发展最重要的是

"自我理解",换句话说,就是对个人所掌握的知识以及实践能力进行反思和建构。教师要想做好"自我理解",其基础是教师无论在生活上还是在工作上要对教师这个生命体有一个正确的认识,还要关注教师教学行为改变背后相应的态度和信念的变化,要时刻将教师的行为与教师的信念、态度紧密相连。

(3)教师发展作为生态变革

从教师发展作为生态变革这个层面来讲,教师发展的过程以及成功与否与其所处的环境之间有十分密切的关系。也就是说,教师所处的环境为教师的发展提供了条件,教学环境是教师发展的关键。因此,为教师创造一个支持其发展的环境至关重要。这个环境的创设关键在于教学文化的打造,尤其是教师的文化和学校文化。教学文化的意义就在于为教师工作提供意义、支援和身份认同。

3. 我国学者的相关探索

近年来,我国学者从文化视角对教师发展进行了探索,主要有两方面的研究结果:一是文化作为一种外部因素对教师专业发展的影响。这里的文化主要是指教师文化或学校文化,认为改变教师文化有利于教师的专业发展和学生学习成绩的提高,主张教师文化应从孤立转为合作、从霸权转为民主、从竞争转为关怀。互助提倡要为教师专业发展营造良好的社会文化环境,促使教师形成专业发展的自我意识。二是分析教师专业发展的文化理论基础。传统的教师发展模式受其文化背景——技术时代的影响,技术理性主宰着人类的思想。教师如果迷失在各种教学手段和方法之中,就不会去思考教育目的的合理性、教学手段的正确性,更不会去思考文化背景对教育、个人所产生的差异。这种只重视专业知识的教育和训练、不注重文化视野和概念的发展会使教师变成具有高度"工具理性导向"思维心灵的个体。其影响是:工具理性意味着集中考虑"如何做好它"的问题,而不是"为什么要做"的问题,或是"我们要走向哪里"的问题。因而它更倾向于考虑途径而不是终点,考虑效率而不是目的。这种缺乏专业自主、远离反思的教师发展又如何能成为学生成功的基石呢?自然也满足不了课程改革所要求的培养自主、合作、探究并具有质疑和创造精神的学生以适应21世纪多元社会的挑战。

由上可知,文化因素在教师专业发展中的作用日益显著。这里的文化主要是指教师专业发展所需要的外部文化环境,尤其是学校文化和教师文化。学者们还考察了教师专业发展背后的深层次文化依据，拓展了对教师专业发展的理解，表明教师专业发展不再仅仅是教师专业知识和能力的提升，而应将之放入更为广阔的社会文化背景中去考察。教师专业发展是一个持续不断的学习过程和文化建设过程，教师不能只重教的工作而忽视自身学习的需要，不能只顺从地接受专家理论，而没有自己的文化反思与文化自觉。

二、翻译教师队伍的现状

（一）受过专业培训的翻译教师数量较少

随着近年来我国高校外语专业的快速发展，高校在招生数量上呈逐年递增的趋势，并且目前招生数量已经非常庞大。就目前情况来看，高校大多是由英语教师担任翻译课程的讲解，这些外语教师大部分毕业于外语专业，所学的专业也是外语语言文学。换句话说，这些英语教师在入职前大部分并没有经历过系统的教育学培训。他们所学的专业也比较单一，并没有深入地学习过有关翻译学的理论，也没有受过专业的翻译训练，这就造成了教师在授课过程中，难免会忽视学生的翻译训练，而偏重传授语言知识的情况，从而导致学生在翻译学习中出现过于注重语法、句法，而忽略翻译技能的情况。长此以往，就会使学生学习翻译的激情被消磨殆尽。

（二）教学工作量大且科研任务重

就目前情况来看，在高校内承担英语翻译教学任务的教师的年龄普遍在35岁以下。具体来讲，比如某些高校中，青年教师每周授课数平均在20课时以上。这样的工作量在客观上加大了翻译教师自我专业能力提升的阻碍，同时还会使教师的科研工作受阻。

（三）翻译研究与翻译教学脱节

翻译本身是一种实践性很强的活动，按理说，翻译方面的论文应该用来指导实践，可实际上真正能够指导翻译实践、以"翻译技巧"为主题的论文一般会被看作"没有理论创新"或"没有理论高度"，所以翻译教师也不得不按照"行规"

撰写出一些看似深奥实际上却晦涩难懂的论文，以求在权威的期刊上发表，这就造成了翻译教师的研究与翻译教学严重脱节的现象。还有一些教师由于没有翻译学科的背景，所以无法在教学中使用浅显的翻译技巧理论来指导实践。

翻译教学研究中也存在诸多问题，主要包括以下方面：第一，近些年来，有关翻译教学模式和翻译教学方法的论文有很多，但是在教学模式和教学方法的这两个概念的界定上，仍旧没有一个清楚的界定。第二，对于翻译教学的研究，有很多学者都参与其中，但是这些学者往往只是用一篇文章就囊括了所有的内容，没有突出主体。第三，研究人员在进行翻译能力培养研究的时候，对于概念的使用也比较混乱。第四，我国对国外翻译教学的引进，早在20世纪50年代就开始了，涉及的语种也很多，但是纵观相关研究，我们可以发现，分析研究批评的比较少。第五，在翻译研究中，难免会有一些跨学科的研究，而这类研究往往是对翻译教学与语言学进行的交叉研究，同其他学科的交叉则比较少。经过对上述问题的分析，我们发现，近年来，我国的翻译教学研究虽然取得了一定的成效，但是还有很多方面需要提升，同时也存在许多需要解决的问题。

三、翻译教师发展的途径

（一）重视教学理论研究和翻译理论

对于翻译的研究是一门具有强实践性的课程，实践离不开理论的指导，翻译的研究亦是，不仅如此，对于翻译的研究是不能脱离理论研究而存在的。哈蒂姆（Hatim）指出，理论和实践最终是互补的，尤其是在像翻译这样的领域。[①] 我国学者有关翻译教师的理论素质，曾指出从事翻译教学的人要注意做好以下两点：一是做好教学工作，二是要做一些研究工作。在教学工作的过程中，要注意利用新思维、新方法、新观点，对学生进行潜移默化的熏陶，除了帮助他们夯实基础外，还要引导其拓宽思路，以期在今后的工作岗位上进行翻译实践时，能够提出独到的见解。对于理论的研究，主要包括教学理论和翻译理论。因此，作为教师，要阅读一定的与翻译理论和教学理论相关的书籍，并且将所阅读的理论知识同自

---

① 巴兹尔·哈蒂姆.语篇与译者［M］.上海：上海外语教育出版社，2001.

己的教学实践相结合。在此过程中，还要不断总结经验，逐渐将自己学习到的翻译理论著作和教学理论运用到自己的翻译教学过程中。

翻译教学的研究应该着眼于翻译教学实践本身，要真正将翻译理论运用到翻译教学实践中，然后再总结出翻译教学的理论，也就是说要遵循"从实践中来，到实践中去"这条原则。在引入国外的翻译理论和翻译教学理论时要符合我国的翻译教学实际，不能盲目介绍，更不能盲目引用，真正将介绍进来的理论用来指导翻译教学实践和翻译教学研究，同时还要更多地研究翻译教学的原则和翻译效果及翻译教学效果的评价体系和评价标准，尤其是国内高校翻译教学，更需要秉持上述翻译教学研究的态度和准则，不能让翻译理论研究与翻译教学脱节。没有翻译研究背景和翻译专业背景的教师如果想要从事翻译教学工作，应该积极涉足翻译教学研究。当然，翻译教师的理论研究离不开教育机构的支持，如文献资料的提供和翻译学科的发展等。

（二）切实提高翻译教师的实践能力

翻译教师实践能力的提高是一个长期积累的过程，指望一次性提升是不可能的。就目前情况来看，翻译教师承担的教学和科研任务比较重，大多数时间都花费在教学和科研上，而从事翻译实践的时间则变得少之又少。而且即便有了实践的时间，也不一定有实践的机会。这个问题单靠教师方面或者单靠学校方面是无法解决的，需要从以下方面入手：

1. 院校层面

在大部分翻译教师看来，学历的提升是职业生涯发展的重要环节，因此近些年来，翻译教师的学历水平有了明显提升。然而，站在提升翻译实践的角度上来看，翻译教师学历水平的提高并不能等同于其实践能力的提升。由此来看，除了提高翻译教师的学历之外，还要加强对翻译教师的培训，根据教师自身的情况，选择多种方式，从多个方面提升翻译教师的能力。具体来说，院校可以鼓励翻译教师跨专业获取学位，另外还可以鼓励翻译教师积极参与有针对性的培训等。经实践证明，这些方式对于提高翻译教师的翻译实践能力是很有效的。例如，教授商务翻译的教师可以选择攻读MBA（工商管理硕士）或金融硕士、教授法律翻译的教师可以攻读法律硕士等。

目前在高等院校中，普遍存在一种挂职锻炼的培训方式，实际上就是学校派遣自己学校的教师深入机关企事业单位进行各种翻译实践活动。这种方式也不失一种提升翻译教师实践能力的好方法。因此，翻译院校可以出台一些关于翻译教师挂职锻炼的政策，根据学校自身的情况，合理安排翻译教师进入企业进行翻译实践，从而提升翻译教师的实践能力。

2. 个人层面

要想成为一位合格的翻译教师，不仅要会使用语言，更重要的是还要懂得专业知识，否则是无法做好翻译的。从这个层面来讲，翻译教师在确定好自己的实践领域之后，要注意加强自身对于专业知识的学习。就目前情况来看，相当大一部分的翻译教师都是语言专业出身，并没有其他专业的背景。我们知道，即便懂得运用语言，但是不懂得专业词汇和专业知识，那么其语言能力也无法发挥。可见，对于翻译教师来说，学习专业知识是何等重要。事实上，众多的职业译员已经为我们做出了榜样，一些从事法律翻译的职业译员考取了法律职业资格证书，一些金融翻译工作者考取了CFA（特许金融分析师）等。他们不仅拥有良好的语言能力，还具有专业的知识积累，通过实践的磨砺，使他们在各自的翻译领域如鱼得水、游刃有余。

近些年来，随着国际化不断深入，各高校经常会面临一些涉及国际交流的活动，比如各类国际论坛、外事接待等，另外还会涉及一些涉外文件的书写等。这样，高校内部就产生了许多翻译工作，这为翻译教师的实践提供了许多机会。比如，口译教师可以为学校的各类国际论坛、外事接待、外籍教师讲学等担任口译，笔译教师可以为各类涉外文件进行笔译。

（三）促进教师思想境界和职业精神提升

首先，翻译教师要具备过硬的思想道德素质和职业道德素质。高校肩负着为社会培养人才的重任，而高校外语教师便是翻译人才培养的直接培养者，自然肩负着教书育人的重任，对学生有着极其重要的表率作用，因此，翻译教师在日常生活和教学过程中要以身作则，通过自己的言传身教，帮助学生树立正确的世界观、人生观、价值观，为培养专业水平高、综合素质经得住考验的翻译人才而奋斗。

其次，翻译教师要明确翻译教学的思想和目的。任何教学都要以一定的思想和目的为指导，没有正确的指导原则，教学实践就会无章可循，就不能取得富有成效的教学效果。鉴于此，翻译教师应该在选材上注意选择符合社会需求以及文化建设需要的材料，当然，在我国，满足上述目的的材料涉及方方面面，所以教师应该尽可能选取广泛的素材作为翻译实践的材料，并做到将材料与语言知识和翻译技巧相结合，同时所选的素材还要有利于文化间的对话，尤其有利于我国学生对中外文化的了解，并将素质教育纳入选材的考量范围之内。翻译教师作为双语转换的教师，最应该担负起这样的使命，通过翻译理论、翻译实践和译文赏析三个教学环节，带领学生领略母语文化，从而提高学生的母语文化素质，更好地弘扬我国文化。

最后，教师还要认真备课，对学生的翻译作业认真批改和作出反馈。翻译课需要教师具有一定的理论知识，包括翻译理论本身、语言学知识、语言对比知识、文体知识等，同时教师所提供的翻译材料应该包括各种体裁和题材，并且要具有时代性，所以翻译课的教学需要做好很多前期的工作，虽然备课量很大，但教师必须认真、详尽地备课，广泛收集各种资料，并将这些知识和材料化为己有，才能在课堂上挥洒自如，出口成章，激发学生的兴趣。

第二节 英语翻译教学中学生翻译能力的培养

一、大学生翻译能力培养的意义

（一）发展观察能力

观察是直接地、具体地反映客观世界的手段，比一般知觉有更大的理解性。观察是有目的、有计划、比较持久的知觉，是知觉的高级形态。在语言学习中，观察是学生认识语言现象、增长知识的重要途径。一个有敏锐观察能力的学生在学习上往往更容易取得优异的成绩；相反，一个观察能力差的学生对一个英语句子的结构、搭配关系、表达方式等特点可能无法快速察觉。培养学生的观察力要由浅入深，要提出明确的目的和任务，引导学生从不明显的现象中看出事物的异同及其本质。在这一工作中，激发学生的兴趣很重要。因为学生有了兴趣，注意力集中，观察才能认真。例如在讲"动词现在时第三人称单数加—s"这条规则时，有的教师不是先把规则告诉给学生，而是先把若干个可以显示这一条规则的例句写在黑板上，让学生观察。

在词汇教学中，教师可以将容易混淆的词放在一起，让学生比较鉴别其词形、写法和用法方面的差别，有效地培养其观察能力，如 march/match，bed/bad，better/bitter，watch/which，whether/weather，think/thank/sink，feel/fell/fill，hear/here，hair/hare 等。

直观是发展观察能力的主要手段。英语教学中常用的主要有两种直观类型：言语直观和实物及实物化（如电化、实物、图片等）直观。言语直观要求从起点教师开始就循序渐进地用学生力所能及的英语，配以生动活泼的表情、手势等组织课堂教学，从而增加学生观察和接触英语的机会。

（二）发展记忆能力

人脑对过去经验的反映就是我们所说的记忆。记忆是一个人受到客观事物的影响之后，相关事物对人的大脑产生一系列作用，使得人大脑两半球内出现暂时神经联系的活动过程。这个过程包括识记、保持、再认和重现。从信息论的角度来看，这个过程就是信息的输入、储存、提取的过程。从英语学习角度来看，英语记忆就是英语的词句等信息在人脑中经过加工和提取之后，由人根据自己的表意输出的过程。

人的智力之所以能进步，是因为其中一个重要的因素——记忆。在英语教学中，不管是语音、词汇、语法等语言材料的积累，还是技能、技巧的获得，又或者是听、说、读、写言语交际能力的发展等，都需要借助记忆的能力。如果知识和技能不能长期保留在学生的记忆里，那么培养学生的言语交际能力就无从谈起。

1. 强化记忆

从心理学的角度来看,当我们认识一个对象的时候,外部感觉器官的参与度至关重要,也就是说,外部感觉器官越多地参与认识,那么我们对对象的认识就越深刻。举个例子来说,教师在授课的时候,将知识讲给学生听,那么学生聆听授课的过程就是利用了听觉。如果学生只是听,那么时间一长,就会产生疲劳,在这种情况下,学生就无法集中注意力,对教师授课内容的感知效果必然不佳。要想改变这种状况,在学生首次感知时,教师就要让其眼、耳、口、手等多种感觉器官在同一时间内共同参加识记活动,这样综合性地进行信息传输可以实现强化信息的作用。比如,在进行词汇学习的时候,除了让学生看到它,还要让学生听到它,学着念出它,最后在纸上写出它。如此经过多个感知器官的参与,使得大脑的视觉区、听觉区、运动区、语言区建立多通道联系,从而帮助学生加深对该词汇的认知和记忆。

2. 丰富感知

曾有心理学家经过试验后指出,学生在进行识记物体的时候,如果一次性识记10个物体,那么在3天之后,他们能记住的物体平均只有6个;学生进行识记视感知的词的时候,如果一次识记10个词,在3天之后,能够重现的之后2个;学生在进行识记听感知的词的时候,如果一次性识记10个,那么3天后可以重现的只有1个。从这个试验结论中,我们可以看出,如果要识记的材料属于形象材料,那么就比较容易识记;如果要识记的材料属于概括性、抽象性的材料,那么相对来说,就比较难以识记。根据众多教师的教学经验,也可以发现,与单纯的课堂教学相比,形象教学的教学效果更佳。因此,教师在教学过程中要重视对各种实物、模型、图表、照片等直观教具的使用。

3. 合理地复习

学生学习英语最头痛的事是单词遗忘问题。因此,在教学过程中我们要千方百计地帮助学生闯过这一难关。这里我们不妨引用国外两项研究结果来揭示单词遗忘之谜。

德国心理学家艾宾浩斯曾对遗忘的现象做了系统的研究,发现遗忘的发展有一定规律。他用无意义音节作为学习、记忆的材料,把识记材料学到恰能正确背诵的程度，间隔一定时间以后，必定有的已经被遗忘，于是再重新学习，以重学时节约的诵读时间和次数作为记忆的指标，创造了著名的"遗忘速度曲线"。这条曲线表明遗忘变量和时间之间的关系，即刚刚记住的材料在最初几个小时内遗忘的速度很快，以后逐渐减缓，也就是"先快后慢"。实验材料表明：识记后一小时约遗忘 56%，八小时约遗忘 64%，两天后遗忘 72%。

日本学者上冈光雄也通过实验创制了"英语单词保持率曲线"。实验证明，英语单词一旦被记住，时隔一天可以保持 90%，可是学后三天不去复习，就只记得 60%，几乎忘掉一半；如果四到七天不去复习，单词就会被忘掉 60%~70%，三周时间不见面，所记的单词就所剩无几了，留在脑子里的只是模模糊糊的印象。

尽管艾宾浩斯和上冈光雄所用的实验材料不尽相同，遗忘的百分比也不完全一样，但是我们可以从中得出以下三个结论：遗忘现象是客观存在的；无论任何一种未经复习所固定下来的知识，都会被逐渐忘却；在识记后，短时间内遗忘率最高。

我们这里说的复习并不只是简单地进行重复，而是在重复的过程中注意采用一定的技巧。在英语的学习中，英语语音、词汇、语法等都有自己的知识系统。根据这个系统，将知识按照其内部存在的规律性联系进行归类，便能够提高复习的效果。举个例子来说，英语不规则动词的原形、过去式、过去分词这三种形式较难记忆。因此，在复习的时候，可以按照其内在的变化规律，将其分成 111 型、121 型、122 型和 123 型四种，这样便可以帮助学生更快地进行记忆。

（三）发展思维能力

所谓思维，就是指通过人脑被间接地反映出来的客观现实，思维可以说是构成人类智力的核心要素。思维从本质上来说是一种能力，以分析、综合、抽象、概括、判断、推理为主要内容，通过语言表达出来的一种非常重要的能力。英语教学的最终目的是使学生达到运用英语进行交际和进行思维的能力。要想使学生具备这种能力，必须发展学生的各种思维能力，只有这样，才能让学生真正理解和掌握英语的基本概念和规则。

启发式教学方法是发展思维和调动学生学习积极性的关键，教师在教学过程中应注意激发学生的积极思维。教师要善于启发学生的思维，达到"传之以情，授之以趣"，教师要善于引导和帮助学生，既不能在课堂上主宰一切，也不能把自己当保姆，"抱"着学生走。不同的教学方法具有不同的启发效果，最终获得的智力发展效果也不同。

在实践过程中，我们发现，就算学生初学外语，也能在教师的引导下，通过自身活跃的思维掌握知识，并且掌握运用知识的能力。不仅如此，学生在学习过程中具备了观察力、记忆力、注意力、思维力和想象力，并能利用这些能力，独立分析和解决问题。我们可以得出两种不同的指导思想：一种是就知识传授知识，死读硬记的注入式教学；另一种是启发诱导学生通过自己的观察、思考、想象等思维活动，活学活用所学语言知识的启发式教学。

（四）丰富想象能力

想象是在原有感情基础上形成新形象的心理过程，是在人们的实践活动中表象的基础上形成的。它在认识世界、改造世界的实践中起着重要作用。借助想象，我们可以展望未来，建设未来；借助想象，我们可以认识世界，创造世界。物理学家爱因斯坦曾说过："想象力比知识更重要。因为知识是有限的，而想象力概括着世界上的一切，推动着进步，并且是知识的源泉。"在英语教学中我们应该努力培养和丰富学生的想象能力。教学中常用的看图作文、扩展课文、启发学生设想课文的结局等，不仅有助于学生学习语言知识，也有助于丰富和发展学生的想象力。教师可以将学生多多参与一些听、说、读、写的语言交际活动，启发学生积极思维，丰富想象力。

二、多维视角下学生翻译能力的培养

（一）信息时代下学生翻译能力的培养

1. 信息时代英语教育存在的不足

（1）教师的信息技术应用能力差

随着信息技术的不断发展，英语教学在教学模式上和教学方法上都发生了改变。但是，英语教师多是文科出身，自身缺乏对信息技术利用的认识，因此往往缺乏利用信息技术的观念。有的教师应用信息技术的能力较差，所以一直坚持使用传统的教学手段，很少会使用现代化的教学设备；有的教师虽然尝试运用多媒体教学，但因缺乏相应的现代教育理论指导和合适的多媒体素材，同时自身欠缺将教育技术应用到教学中的能力，所以无法恰当地利用这些设备为教学服务，使得大部分多媒体设备并未有效地发挥其应有的作用，更无法实现优化教学的目的。究其原因，一是由于教育理论的发展和研究与计算机技术的发展不同步；二是由于新的教育改革形式在评估过程中不像传统教学模式那样受到高度重视，从而影响教师利用计算机辅助教学的热情。

（2）教师忽视了课堂"讲课"的应有作用

随着信息技术的不断发展和计算机的普及，目前已经有很多英语教师开始利用计算机辅助教学，但是由于大部分英语教师缺乏一定的计算机、多媒体操作技术，因此他们对于多媒体的运用仍旧停留在一个比较低的层次上，甚至面对一些新的教学手段，也无法真正地运用到教学活动中，这些都会限制英语教师的个性化教学。比如一些教师在授课过程中，一直坐在多媒体前控制鼠标，很少在学生中间走动，甚至由于关注屏幕，很少抬头与学生互动，这样难免让学生感觉与教师之间产生较大的距离感。

在教学中，教师如果不能与学生进行充分的面对面的情感交流，一堂课就不能达到预期的教学效果，甚至会使那些不够自觉的学生失去学习兴趣。还有一些教师本可以依靠自己的思维和语言，把课讲得很精彩，但由于不能很好地把多媒体技术与教学融为一体，往往忙于操控课件，结果造成不是在讲课而是在"读课件"的局面，教师变成了一个"教学机器"的操作员，失去了情感色彩。另外，还有一些教师，备课时顾此失彼，只是花费大力气去记忆多媒体的大纲和链接，而忽视了对上课所要教授的知识的记忆，因此造成这些教师在课上只能被动地读课件中的"死知识"。除此之外，由于多媒体教学的普及，教师越来越少会书写板书，固定格式的课件使教师在授课过程中如果遇到一些问题，难免无法随机应变。因此，可以看出，目前一些不不恰当地使用多媒体设备的情况屡见不鲜，这势必会阻碍教师和学生各自能动性的正常发挥。

2. 高校教育信息化发展诉求

英语学科教育信息化在很大程度上需要依赖高校校园信息化的发展，因此，在探讨高校学科教育信息化诉求的同时，需要对高校校园信息化的整体发展趋势有一个清晰的了解与把握。

（1）关注信息集成服务应用

随着多年来信息化的不断发展，高等教育也取得了一定的成效。各类院校在数字技术普及的当下，已经认识到其重要性，并且纷纷加大了对数字技术的投入，这也就促进了高校信息技术硬件和操作软件等基础设施的建设。就目前情况来看，各院校已经基本完成了信息技术硬件和操作软件基础设施的建设，随之而来的，就是高校对信息技术专业人员技术水平要求的不断提高，这在一定程度上又推动了高等教育的信息化发展。

于是，高等教育信息化将开始向纵深发展，进入硬件、软件、数据、管理与服务等高度集成阶段，其应用门槛日益降低，如同水、电一样方便使用，教师将更容易掌握信息集成智能化的教学应用。

（2）急需跨学科信息化专家

世界上第一台电子计算机的发明是为了满足当时科学计算的需要，也就是说，高等教育信息化最早发端于信息技术在科学研究领域内的应用。然后，高等教育信息化浪潮最先影响的也并不是高校教学环节，而是高校的行政管理系统。因为高校行政管理与商业信息化模式具有高度的相似性，信息技术企业只需将商业模式直接复制到高校行政管理系统，高校行政管理信息化充其量只是商业信息化的业务延伸。课程教学系统与行政管理系统不同，信息技术企业不能再将行政管理系统数字化改造中的成功模式，原封不动地拷贝给高校的课程教学系统。高校课程教学必须根据高校教学体系的独特性，针对性地开发新的信息技术产品与服务。信息技术部门的核心使命是向高等教育学科教学提供教育技术支持，但高等教育数字化变革不能只重视培养数字技术专家，同时也需要培养更多懂技术、懂学科教学、懂得将教育技术如何应用到教学的跨学科专家，尤其需要更多懂得如何将技术应用到教学中的英语学科专家，为高校校园信息化建设和广大教师应用信息技术提供指导和帮助，只有这样才能把高等教育信息化落到实处。

（3）教学模式需要改变

在信息化初级阶段，高校教育信息化工作重心是信息技术设备的购置、维护及网络建设等，信息技术对高等教育的作用并未得到全面的展现，其影响非常有限。这时通过战略规划来确定和引导高校信息化发展作用甚微，很难通过战略规划来确定教育信息化的实际进程。随着信息技术加速度发展以及高等教育信息化进程不断深入，信息技术服务渗透到高校每一项业务中并与之紧密融合，信息技术服务方式的创新以及对高度复杂的多学科教学信息化事务的管理成为必需。今后一系列重大转向成功与否均有赖于教学发展模式的改变，需要奉行"颠覆性"的策略而不是"改革性"策略来影响现行教学运作模式，需要对英语教育教学的模式和师资结构等组织架构和存在形态进行科学而持续的颠覆性变革，以保证我国高等英语教育信息化持续健康地发展。在英语课程生态系统中，信息技术起着不容忽视的辅助作用。第一，更新教学观念。随着计算机的普及以及多媒体的发展，如今，计算机辅助教学已经成为常态。在这样的模式下，学生不再是传统教学下的被动接受者，而是已经成为学习活动的主动参与者、知识探究者和意义构建者。英语教学也不再是传统的进行知识传授的模式，而是更加强调培养学生的创造性和个性。教师也不再仅仅是知识的传授者，还是学习活动的组织者、指导者、帮助者和促进者。第二，变革教学方法和手段。随着信息技术的不断发展，多媒体和网络技术日益普及，使得英语教学的方法和手段得到了极大的丰富。这些新兴的技术所带来的优势是传统教学手段无法比拟的。通过这些技术，英语教师能够在授课过程中综合运用情境创设、会话商讨、主动探索、意义构建和协作学习等多样化教学方法。不仅如此，基于多媒体自身的特性，教学课程能给学生带来多元的感官刺激，极大地提高了学生的学习积极性。第三，丰富教学内容。伴随着计算机多媒体网络技术的发展，一种全新的立体式教材出现了。所谓立体式教材，就是指一种以现代教育技术理论和信息技术实践为基础而产生的一种新型的、动态的教材系统。它集传统的书本、磁带、录像、光盘等教学材料以及多媒体课件、网络学习平台等于一体，以图像、音频、视频等信息输入方式，将教学资源和教学过程多角度、多方位、多层次地进行展现。网络教学这一教学形式挣脱了传统教材的限制，真正实现了资源的共享。

（二）美学视角下学生翻译能力的培养

1. 翻译美学四论

（1）翻译美学主体论

①积极的审美态度。审美态度是审美主体的基本特征。一个具有审美意图和审美意志的人能调动起对审美至关重要的情感和感知来进入审美过程。态度始于理性、始于观念，所以许多的美学家都强调审美态度。审美主体的态度会受到时间、地点、环境、对象等客观因素的影响，如同一个人对我国盛唐时期的诗歌与对晚唐时期的诗歌的审美态度就会因个人年事的增长有很大的区别。

②活跃的审美意识。审美意识是一个心理系统，而翻译审美主体的重要特征就是具有一个活跃的、动态的审美意识系统。审美意识系统涵盖三个层次系统，即认知过程（如表现为感知、知觉、记忆、联想、分析、想象等）、情感过程（如表现为心态、情绪、共鸣等）、意志过程（如表现为决心、毅力、使命感等）。不可否认，翻译审美的成败取决于活跃的、动态的审美意识系统的功能发挥。

③灵活的审美表现对策。翻译审美主体要能够灵活地运用审美表现对策。世界上不存在两个完全相同的文本、绝对相同的风格，即使是同一个作者的同一部作品，其艺术手法也是千变万化的。在翻译的过程中，翻译审美主体要根据不同功能、不同文体的文章，恰如其分地表现文章的内容。

④敏感的审美判断。审美判断要求主体对客体的判断必须符合对它的审美特质的理性分析。对语言的审美特质的理性分析就是意义分析，因此，准确的语感必须建立在对意义理解的基础上，要理解了语言的意义才谈得上赏析语言美。审美判断力不是与生俱来的，必须后天习得。尤其是关于语言的审美判断，不仅需要有很好的语言素养，而且必须具备关于语言审美的专业知识，并进行足够的训练。

（2）翻译美学客体论

审美客体是审美主体的审美对象，体现了审美主体的规定性，所有的审美客体都有这一基本属性。除此之外，审美客体还具有其他审美属性，具体包含以下几个方面：

①审美形象性。审美形象性是指审美客体美的外在表现、外在形式，这也

是审美客体最普遍的属性。例如,"道德"是一种理性观念,尽管其有美的内涵,但其本身不能称之为美,只有当"道德"直接同它的外在现象处于统一体时,也就是看到其真实现象和真实表现时,才可以说"道德是美的"。

②审美价值承载能力。审美客体必须具有承载审美价值的功能,不承载、不体现任何审美价值的客体就不能称之为审美客体。如果语言文字作品的内容遭受破坏,作品也就没有审美价值可言了。

③审美召唤能力。审美召唤能力是指审美客体具有的吸引力,这体现在两个方面:第一,审美客体具有某种吸引审美主体的审美素质,能够引起审美主体的期待,体现审美主体的审美理想。第二,审美期待具有"悬疑性",引发的效果可能是戏剧效果,也可能是悲剧效果,这两种效果都具有一定的戏剧性,能够引起审美主体的满足感。

(3)翻译美学矛盾论

翻译中的"言""意"之争是一个古老的话题,但是仍然具有探讨的理论价值。翻译活动必然是以语言转换和传递原文意义为基础的。也就是说,"言意观"是翻译理论研究的前提与基础,离开这一点,翻译活动无法展开,理论研究也会失去依托。与此同理,言意观属于我国古代美学范畴,也是翻译美学研究的一个基点。

"言"与"意"是我国古典文论的重要话题,也是翻译理论的重要范畴,言意理论主要涉及主观与客观、译者对源文本的解读和言传即表达之间关系等问题。我国传统译论中的"言意观",源自古代哲学中的"言意之辩"。《墨子·经说上》:"执所言而意得见,心之辩也",表明内在思想感受可以通过言语表达出来。《庄子·天道》:"语之所贵者意也,意有所随。意之所随者,不可以言传也。"这句话暗示了"意"难以言传,甚至不可言传。《庄子·外物》:"言者所以在意,得意而忘言。"此话指出"言"可以达"意","达意"之言随着"得意"而有所"忘",有着"随心所欲,不逾矩"的意味。《周易·系辞上》中就有"书不尽言,言不尽意"的说法。这些观点对我国古典美学和文论产生了深远的影响,在审美艺术领域形成了独特的"言意观"。

古代经书翻译者在对佛经的解读与翻译过程中悟出了"言意观"的本真。古代学者通常巧妙地表达"言"与"意"之间的辩证关系。这种情况在各大经书翻译方面最为常见，译者常用"只可意会，不可言传"来表达佛理之精深，借以暗示经书翻译之难。《大智度论·卷四三》："如人以指指月，愚人但看指不看月。智者轻笑言：汝何不得示者意？指为知月因缘，而更看指不看月！"此处，经论者以愚人见指不见月、悟道者见月忘指来比喻主观与客观、语言与义理之间的微妙关系。当然，这里所讲的"指"喻指佛经的语言文字，即外在的表达形式，"月"暗指佛经的精髓，即内在的意旨。东晋佛教学者道安从老庄的言意观中来解读佛经思想中"言"与"意"的关系，以此阐明"言不尽意"的道理。

在翻译审美活动中，译者的审美感受往往难以言传，用语言表达审美感受或多或少存在着意义的丢失或变形，而这种丢失或变形的部分极有可能具有一定的审美价值。不容置疑的是，文艺作品似乎都是"言"与"意"的矛盾产物。古代经书翻译者颇为在意"言"与"意"之间微妙的关系和二者的审美价值。

我国古代经书译者注意到佛法精深难以言传，但又不得不传，因此，翻译过程就必然存在着"言"与"意"的矛盾。因此，在具体的翻译实践中出现了不同的翻译态度：一种态度是强调"言尽意"，重"意"轻"言"，得"意"忘"言"；另一种态度是以"言"达"意"，这样做的结果是得"言"与"意"。"言"与"意"之间的关联性在近现代中国翻译史中很长一段时间都成为译学界讨论的重点，尤其是如何处理二者的关系，到底是得"意"忘"言"，还是"言""意"并重。由此可见，这对命题在翻译理论中的位置是何等重要。

我国汉代之前的经书翻译基本上都是以"信"为本作为理论依据和指导原则，这种翻译有两种结果：一种可以让经书读者看到"原汁原味"的译文本；另一种由于一些读者的能力有限，所以难以体会佛经博大精深的思想，更难以把握一些精妙之处。

（4）翻译美学价值论

关于翻译作品的审美价值，就审美主体而言，译者无疑处于中心地位，因为译者既要对作者负责，又要对读者负责。译者对作者负责，亦即尊重原作，须在译作中重现原作的审美价值；译者对读者负责，亦即重视译作，须让读者通过译作认识原作的审美价值。这个过程既包含作者理解与传达原作的翻译过程，又包含了作者关注读者理解与接受的反馈过程，还包含了译者对审美尺度的合理把控。只有这样的过程，才算得上真正完整的翻译过程。关于这点，我们可以从奈达的翻译程序和玄奘的"译场"分工中得到重要启示。

奈达认为，翻译程序远非只是指具体翻译某一文本时一步一步的过程，还包括许多事先加以考虑的因素，如源语文本的性质、译者的能力、翻译过程的方向（如从习得语译成母语或从母语译成习得语等）、译文所针对的读者类样的英译面向这两种读者群体，那么该种译文是成功的。但是如果这样的英译面向的读者群体既不懂汉语又不了解中国文化，那么该种译文就值得商榷了。[①] 这涉及了截然不同的两种翻译方式和忠实于原作作者与源语文化的"异化式"翻译和忠实于译作读者和译语文化的"归化式"翻译，前者如杨宪益、戴乃迭夫妇翻译的《红楼梦》，后者如霍克斯翻译的《红楼梦》。

除了从文化角度考虑读者群体，也有从年龄角度考虑的，比如译介读物需要充分考虑各个年龄段儿童的心理特征、智力因素、兴趣爱好、特定用语等，译文一般都不能成人化；有从专业角度考虑的，比如译介科普读物则需要充分考虑不具备专业知识的普通大众这一读者群体，译文表达一般不可过于专业化。可见，不同翻译方式针对着不同的读者群体。

通过探讨得知，翻译作品的审美价值主要受到两大过程诸多要素的支配与影响：译者理解与传达（原文—译者—译文）的翻译审美过程、读者理解与接受（译文—读者—反馈）的阅读审美过程。前者主要指译者从理解原作到产出译作的整个审美过程，后者主要指读者从阅读译作到形成反馈的整个审美过程。

就翻译审美过程而言，译作绝不是单纯的文字转换，文学翻译很困难，非文学翻译也不简单，都需要译者去克服重重障碍、兼顾原作的内外部因素，以填补原作空白、充实意象意境而有效传递原作的审美价值；就读者阅读审美过程而言，读者跟译作（乃至原作）的各种距离造成了读者对译作（乃至原作）理解和接受存在障碍，这就要求译者翻译时必须兼顾特定的读者群体——面对的读者群体不同，译文的形式也就不同。

在翻译作品审美价值的统领之下，译者必须兼顾原作翻译审美和译作阅读审

---

① 尤金·A·奈达. 翻译科学探索［M］. 上海：上海外语教育出版社，2004年.

第五章 英语翻译教师的发展与学生翻译能力的培养

美两个过程,并且纵观全局、整体把握两个过程所涉及的各大要素,这样才能针对不同读者群体、不同目的产出合乎需求的译文。

2. 学生翻译美学意识的培养

(1) 夯实双语功底

翻译实际上就是两种语言之间进行转换。因此,翻译人员要充分掌握两种语言知识,这是最基本的,也只有做好这一点,翻译人员在进行翻译的时候才能更好地实现两种语言的完美转换。在翻译过程中,翻译人员往往会遇到很多困难,这个时候就需要翻译人员具备丰富的理论知识以及高超的实践能力,这里所说的理论知识不仅包括与英语相关的理论知识,还包括与汉语相关的理论知识。因此,要想成为一名优秀的翻译工作者,不仅要在平时注意知识的积累,还要努力提高自身的文化修养,在平时的实践中要努力提高自己的实践水平。对于英语来说,不仅要掌握英语语法,还要不断增加自己的阅读量。如果在阅读英语原文的时候遇到困难,那么在翻译成汉语的时候就要注意加上备注,方便读者进行理解。

(2) 赏析经典译作

自从翻译开始出现,就不断涌现出众多优秀作品。作为翻译工作者,要积极阅读优秀翻译者的作品,从中感悟翻译的美学价值,不断提高自身的翻译能力。通过赏析名家作品,可以帮助译者增加对翻译的感悟,从而得到不一样的体验,并从中找寻优秀的翻译方法为自己所用。

毋庸置疑,在赏析名家作品的过程中,译者可能会遇到种种困难,这时就要注意努力找寻新的解决方法,通过新的解决方法获得新奇的翻译思路。

(3) 提升美学素养

一位合格的译者,一是要知识面广,二是要具有较高的审美素质。每个译者都应该品味原文和译文的美学价值,并通过自己的观点和感受将一种美丽的语言转换成另一种美丽的语言。译者要想增加翻译的美学价值,除了依靠自身广阔的视野、丰富的知识和充足的经验以外,还要具有审美能力,只有这样,才可以使翻译活动更加顺利,使翻译的作品更加流畅、易懂。作为一名翻译,要善于倾听意见,并有自己独特的见解。如果一个译者目光短浅、心胸狭隘,那么他在文章中所反映的只是毫无生气的单词、句子,他所看到的只是浅薄的意思,过于片面。

显然，这种译作是没有价值的，只是简单词语之间的转换，并没有反映国家之间的文化、历史、风俗、地理等特点。英语翻译的审美价值需要随着时间的推移而积累，并要经历很长一段时间。因此，译者要不断努力提高自己的美学素养。

（4）传达美学之感

事实上，翻译不仅是一门学科，还是一门艺术。在翻译的过程中，要充分展现语言之美，也就是说要传达美学价值，让读者不仅要真正感受到翻译之美，还要让读者发现文章的内涵。作为一位合格的译者，除了要了解不同国家的风俗习惯外，还要了解不同领域的人情世故和不同时代的风俗文化。并且在翻译的过程中，还要尊重各国的差异。除此之外，每个人都是不同的个体，都有不同的思想，因此不同的译者对一部作品也会有不同的解释。每一部翻译作品都展示了译者自身的审美能力。不同的译者在翻译同一篇文章时，由于他们拥有不同的审美意识，因此翻译出来的文字也不同，最后展现出来的文字的魅力也会不同。

（5）发挥句式优势

在翻译时，译者需要用另一种语言来体现原文的美。翻译一篇文章，需要结合两种文化，有效地进行两种文化之间的沟通。每种语言都有其自身的美感，当我们翻译一种外国语言时，要注意将其独特的文学风格和文学价值体现出来，因此，我们还需要学习这种语言的美感和文学价值。译者要想在翻译中表达美学，除了要有独特的审美意识外，更重要的是能够充分将语言的美感发挥出来，保留原文的原意。当翻译国外文学作品时，有很多作品不能直接翻译，需要情感转化，既要通俗易懂，又要不失美感，这就需要译者具有较强的审美意识。

（三）语境视角下学生翻译能力的培养

1. 语境对翻译教学的重要影响

在日常生活和工作中，人们在运用自己的母语进行交际时，都不能脱离具体的语言环境，更何况作为外语而加以研习的教学。培养学生对英语的听、说、读、写、译等能力，自然就更不能脱离具体的语言环境。

就翻译教学来讲，教师的职责就是要提供、设计鲜活的语境，激励学生的创造性思维，在翻译实践中感悟、分析、重组源语言信息，将原文风格及其所包含的意义真实地再现出来。彼得·纽马克指出:"语境在所有翻译中都是最重要的因素,其重要性大于任何法规、任何理论、任何基本词义。"由于语境在很大程度上制约和影响语义,因此,在翻译过程中,如果对源语的语境缺乏了解,那么就会导致理解失误,从而不可避免地造成译文走样。[1] 由此可见,语境在翻译教学中有着举足轻重的地位。英语教师应该给予高度关注,并适时地对学生给予指导,逐步培养学生的语境意识。在翻译实践中绝不可以流于表面上的理解,而要对原文所处的语境进行深入分析,进而确保理解正确,最终选择恰当的词语将原文所包含的意义如实地再现,使译文读者能够像原文读者一样,理解和欣赏原文。

2. 语境视角下的翻译教学

人们的所有交际活动都是在特定的语境下发生的,抛开语境,孤立的话语往往无法使交际双方互相理解各自的意思,因此,对于语言的语义和语言风格来说,语境都在其中起着制约作用。

(1)语境直接影响译文的措辞风格

在翻译时,要想将意思表达清楚,最基本的是要理解要翻译的文章。语境正是决定交际双方所使用的语言风格的因素。正是因为这样,在翻译教学过程中,要求翻译教师要注意学生对语境变化敏感度的培养,让学生自己心领神会,根据不同的语境,调整译文的措辞,从而将文章的意思完美地表达出来。

(2)语境直接制约着语义

在语言交际中,所传达的信息也会受到语境的影响。鉴于这一点,翻译者在进行翻译的时候,也要深刻领会原文的意思,根据语境的变化,及时调整译文。

①语调重音的不同直接影响语义

例:They are entertaining women.

如果教师不提供语境,那么学生对本句的意思就很难确定。如果教师给出一个特定的语境,说明该句话用以回答"What are they doing"。那么,学生就较容易理解句中的 entertaining 应为 entertain 的现在分词,意为"招待",译文就应该是"他们正在招待妇女"。如果提供另一种语境,表明该句话用来回答"What are the women",那么此时的 entertaining 则为动名词,用来修饰 women。译文应随之

---

[1] 彼得·纽马克. 翻译问题探讨[M]. 上海:上海外语教育出版社,2001.

改为"她们是招待女郎"。不过，在很多情况下，教师并不能一直为学生提供指导，因此，学生要学会通过自己不断的探究和摸索辨别不同的语境。

②交际双方的身份和亲疏关系直接影响语义的变化

例：—He does not like you.

—So what?

如果教师让学生自己翻译"So what"，可能会有80%以上的学生不能提供合适的译文，主要原因是在很多教科书中学生很少见到，因而不能正确理解。这就需要教师进行详细解释。可以根据本组对话语境理解为："那又怎么样？"当然，如果换作其他语境，那么就要根据对话双方的身份或亲疏关系等，相应地翻译为"那又有什么了不起""那又有什么法子呢""你无聊不无聊"等。

③交际双方所处的时间、地点直接影响语义的变化

例：Mrs.Brown can't bear children, so she never talks about them.

在进行翻译时，学生应该铭记：语境决定语义。针对本句话的分析和理解，可以从不同角度展开。如果布朗太太因不能生育而感到遗憾伤心，从而不愿谈及该话题，那么本句话就应翻译为："因为布朗太太不能生育，所以她从不谈论孩子。"但是，假如是布朗太太有几个孩子，只是由于这些孩子调皮、捣蛋，或者给家庭声誉抹黑，使得她无法忍受而不愿意谈及他们，那么该句的译文应为："布朗太太不能忍受这些孩子，所以从不谈论他们。"

④语境的改变使得短语产生歧义，改变语义

例：She brought you up, didn't she?

首先要让学生明白的是，由于语境的变化，句中短语"bring up"会有不同的含义。如果指在他人引导下，某人来到了一个难以寻找或一般人员不得入内的地方，该短语意为"引领，带上来"等，那么正确的译文应该是："她带你上来的，不是吗？"如果是在亲人相认、家庭教育或其他类似场合，其意则为"抚养，养育"等，那么正确的译文应该是："是她把你养大的，不是吗？"

通过上述例子，我们可以看出，语境对理解能产生制约作用，甚至最终译文翻译的是否正确，也取决于对语境的理解是否正确。

参考文献

[1] 岳琳琳.文化自信视阈下商务英语翻译技巧创新研究——评《英语教学与商务翻译研究》[J].中国油脂，2022，47（06）：155.

[2] 程荣.智慧教育背景下法律英语翻译教学方法改革与创新——评《新时代法律英语翻译》[J].外语电化教学，2022（03）：98.

[3] 张可.翻译目的论下英语翻译教学模式创新探究[J].广东交通职业技术学院学报，2022，21（02）：62-65.

[4] 李婷婷.网络环境下高校英语翻译教学模式构建思路探索[J].普洱学院学报，2022，38（02）：135-137.

[5] 邱玲玲.任务型教学法在大学英语翻译教学中的实现[J].海外英语，2022（07）：94-95.

[6] 彭莉.大学英语翻译教学对学生英语应用能力的培养研究[J].中国多媒体与网络教学学报（上旬刊），2022（04）：81-84.

[7] 谈颖.全球化背景下英语翻译教学创新与实践[J].食品研究与开发，2022，43（06）：234.

[8] 赵翠娟.如何提升高校英语翻译教学的有效性[J].英语广场，2022（06）：64-67.

[9] 黄安然.互联网背景下英语翻译教学模式的创新[J].中外企业文化，2022（02）：229-230.

[10] 侯建华."互联网+"时代高校英语翻译教学模式建构路径的探索[J].江西电力职业技术学院学报，2022，35（01）：64-65.

[11] 田微.浅谈高职英语翻译教学及合作学习[J].英语广场，2022（01）：109-111.

[12] 苟锦毅.互联网背景下的高职英语翻译教学创新研究[J].校园英语，2021（51）：40-41.

[13] 杨莉. 大学英语翻译教学中学生应用能力的培养 [J]. 海外英语，2021（15）：218-219.

[14] 顾菲. 解析网络环境下的高校英语翻译教学模式 [J]. 校园英语，2021（30）：5-6.

[15] 宋纯花. 以学生应用能力为导向的"英语翻译"教学质量提升路径探究 [J]. 大学，2021（23）：137-139.

[16] 陈宝娣. 基于认知翻译学视角创新高校英语翻译教学的思考 [J]. 海外英语，2021（10）：30-31.

[17] 王珊琪. 应用型本科院校翻译教学模式创新研究 [J]. 成才之路，2021（07）：18-19.

[18] 张宇晴. 英语翻译教学理论与跨文化交际形式研究——评《整合与创新：现代英语翻译教学与跨文化翻译策略》[J]. 外语电化教学，2021（01）：112.

[19] 石琳. 基于互联网的英语翻译教学模式构建思路探索 [J]. 海外英语，2021（03）：59-60，70.

[20] 陈欣欣. 大学英语翻译教学问题与对策研究 [J]. 校园英语，2021（06）：5-6.

[21] 张乃丹. 探究高校英语翻译教学模式存在的问题及对策 [J]. 校园英语，2020（51）：27-28.

[22] 陆懿媛. 大学英语翻译水平创新评价模式探索 [J]. 科教文汇（上旬刊），2020（12）：191-192.

[23] 叶静文. 英语翻译课堂教师话语及其教学设计研究 [D]. 南京：南京邮电大学，2021.

[24] 王岩. 翻译工作坊在大学英语专业翻译教学中的应用 [D]. 呼和浩特：内蒙古师范大学，2013.

[25] 张瑞娥. 英语专业本科翻译教学主体交往体系建构研究 [D]. 上海：上海外国语大学，2012.

[26] 薄振杰. 中国高校英语专业翻译教学研究 [D]. 济南：山东大学，2010.

[27] 陈媛媛. 大学英语翻译教学的问题与对策研究 [D]. 重庆：西南大学，2009.

[28] 连小裕.英语翻译专业的翻译教学有效性研究[D].福州：福建师范大学，2008.

[29] 周领顺.翻译认识与提升[M].南京：南京大学出版社，2018.

[30] 王朝杰.大学英语翻译理论与实践研究[M].北京：新华出版社，2020.